The
ICONIST

아이코니스트

반드시 팔리는 것을 만드는 사람들의 공식

제이미 머스터드 지음
이은경 옮김

한국경제신문

THE ICONIST
The Art and Science of Standing Out

《아이코니스트》에 쏟아진 찬사

"우리는 모두 이 세상에서 중요한 사람이 되고 싶은 갈망을 느낀다. 제이미 머스터드는 새로운 디지털 생활의 소음 속에서 우리 각자가 목소리를 내고 업적을 남길 수 있도록 이끄는 로드맵을 제시한다. 이 반짝이고 유용한 책에는 신선한 발상이 가득하다."

– 다니엘 핑크(Daniel Pink), 《언제 할 것인가(When)》, 《드라이브(Drive)》, 《새로운 미래가 온다(A Whole New Mind)》 저자

"인간의 집중 시간은 지금이나 앞으로나 영원히 희귀 자원일 것이다. 제이미 머스터드는 일찍이 이 추세를 깨달았다. 그는 깊은 연구와 실천으로 암호를 풀어냈다. 《아이코니스트》는 모든 기업가와 벤처 투자가, CEO, 인플루언서들이 반드시 읽어야 할 책이다."

– 리치 칼가아드(Rich Karlgaard), <포브스(Forbes)> 발행인

"제품을 설계하는 사람이든 서비스를 판매하는 사람이든 자기 자신을 판매하는 사람이든, 그 어느 때보다도 붐비고 시끄럽고 혼란스러운 시장에서 두드러지고 눈에 띄기는 점점 더 어려워지고 있다. 제이미 머스터드는 우리 시대를 규정하는 도전에 대응할 파격적인 발상과 흥미로운 사례 연구를 제시한다. 《아이코니스트》 자체가 독창적

일 뿐만 아니라 유용하기까지 한 돋보이는 책이다."

— 윌리엄 테일러(William C. Taylor), <패스트컴퍼니> 공동 창립자 겸 창립 편집자, 《차별화의 천재들(Simply Brilliant)》 저자

"모두가 아이콘의 힘을 알지만, 정작 아이콘을 만드는 방법은 모른다. 머스터드는 이 멋진 책에서 모든 비법을 설명한다."

— 클라이브 윌킨슨(Clive Wilkinson), 업무 공간 설계자, 구글플렉스 건축가, <패스트컴퍼니>가 선정한 가장 창조적인 인물 100인

"혁신을 세상에 내보내려면 먼저 어떻게 해야 사람들이 그 혁신적 아이디어에 주목할지 깨달아야 한다. 《아이코니스트》는 누구든지 당신의 결과물에 매료될 법칙을 놀랍도록 체계적으로 정리했다."

— 칼 아네스(Carl Arnese), 아디다스 수석 디자이너

"제이미 머스터드가 제시하는 두드러짐의 비결에는 창조성과 상식이 동시에 스며들어 있다. 그는 《아이코니스트》에서 혼란을 타파하고 우리 자신, 우리 제품, 우리 메시지를 눈에 띄게 하는 방법에 관해 참신하면서도 시대를 초월한 시각을 제시한다. 쉬우면서도 통찰력이 뛰어난 책이다."

— 조앤 고든(Joanne Gordon), 《온워드(Onward: How Starbucks Fou-ght for Its Life without Losing Its Soul)》 공저자

"나는 30년 동안 지미 카터, 칼 세이건, 데즈먼드 투투, 피터 드러커, 재레드 다이아몬드, 마거릿 애트우드, 말콤 글래드웰, 헌터 톰슨을 비롯한 수많은 연설가, 지도자, 사상가를 대변하면서 수많은 발상을

보고 연구하고 수용했다. 이런 남다른 관점에서 볼 때 《아이코니스트》는 특별하다고 말할 수 있다. 땅거미가 내리는 가운데 구불구불한 산길을 따라 운전하고 있다고 상상해보라. 어두워지면 전조등을 켠다. 시간이 지나면서 안개가 끼기 시작하다가 점점 짙어진다. 한때 유용했던 자동차 전조등이 이제 안개 속에서 제구실을 못하고 있다. 이럴 때는 속도를 줄여야 하고, 안개가 너무 짙어서 앞을 헤쳐나가기가 어려우면 결국 길 한쪽으로 차를 대야 한다. 이제 안개를 매일 우리에게 쏟아지는 정보라고 생각해보라. 안개가 짙어지면 앞길을 헤쳐나가는 데 사용했던 바로 그 도구와 기술이 방해가 된다. 《아이코니스트》는 안개를 뚫고 나가기 위한 새로운 도구 모음과 전문 지식을 제공한다. 우리 각자가 의미 있는 사람이 되고자 고군분투하는 세상에서 제이미 머스터드는 미래에 대한 희망을 선사한다."

– 마이클 험프리(Michael Humphrey), 넥스트업 스피커스 CEO

"관심의 경제학을 들여다보는 제이미 머스터드의 매혹적인 통찰력이 유익한 해결책을 제공한다. 저자는 선택지가 넘치는 세상에서 눈길을 끌고 목소리를 들려주고 기억되기 위한 전략을 소개한다."

– 킴벌리 바타(Kimberly Barta), 나이키 밸리언트 랩스 마케팅 최고 책임자

"《아이코니스트》는 고객과 훌륭한 관계를 구축하고자 하는 모든 경영자가 던지기 마련인 핵심 질문에 답한다. '어떻게 고객의 관심을 끌어서 평생 우리를 기억하도록 만들 것인가?'"

– 진 블리스(Jeanne Bliss), 전 마이크로소프트 고객 관리 최고 책임자, 《마케터의 질문(Would You Do That to Your Mother?)》 저자

"어떻게 해야 눈에 띌지 정말로 알고 싶어 하는 사람들을 위한 훌륭한 책."

– 돈 투스키(Don Tuski), 칼리지 포 크리에이티브 스터디스(College for Creative Studies) 총장

"심오하고 실용적인 통찰력이 가득한 강렬한 책이다. 변화의 선봉에 서고 싶은 사람이라면 반드시 읽어야 할 책이다."

– 레베카 코스타(Rebecca D. Costa), 사회생물학자, 미래학자, 《지금, 경계선에서(*The Watchman's Rattle*)》 저자

"오늘날 이 시끄러운 세상에서 자기 목소리를 전달하고 싶다면 입 다물고 이 책을 읽어라."

– 짐 리스월드(Jim Riswold), 《히틀러가 내 인생을 구했다(*Hitler Saved My Life*)》 저자

"주의를 끌고 시선을 사로잡는 일이 전부인 매체 전문가로서 나는 바쁘게 돌아가는 현대 사회에서 관심을 사로잡으려는 사람에게 이 책이 필독서이자 대단히 소중한 안내서일 것이라고 생각한다."

– 보비 사우어스(Bobby Souers), 와이든+케네디 미디어 디렉터

"제이미 머스터드는 히트곡과 실패작을 가르는 요소를 정확하게 지적한다. 또한 블록은 곡을 만드는 작업을 넘어서 라디오 프로그램 편성자가 라디오 방송 구성에 접근하는 방식에도 적용된다."

– 코트 존슨(Cort Johnson), 알파 방송국 101.9 KINK FM 프로그램 편성자

"이 책을 읽은 후로는 동료들과 이야기할 때 내가 더 똑똑해진 것 같은 느낌을 받는다. 제이미 머스터드는 원시적인 요소를 이용한다.《아이코니스트》는 내가 제품 개발을 바라보는 방식을 완전히 바꿔놓았다. 이제 다시는 어떤 제품도 이전과 같은 시선으로 보지 않을 것이다."

– 한스 앨빙(Hans Albing), 언더아머 제품 담당 책임자

"단순함은 의외로 실현하기가 어렵다는 데 맹점이 있다. 어떤 일이 수월해 보이려면 엄청난 정성을 기울여야 한다. 제이미 머스터드는 수십 년, 수백 년을 넘나들면서 음악, 문화 등 여러 분야에서 단서를 연결함으로써 단순함이 지닌 힘, 단순함이 어떻게 영감을 주고 오래가며 일상에 적용될 수 있는지를 보여준다. 게다가 그는 이 과정이 수월해 보이도록 한다."

– 라이언 화이트(Ryan White),《스프링스틴(Springsteen: Album by Album)》과 《지미 버핏(Jimmy Buffett: A Good Life All the Way)》저자

"오늘날 정보 과부하의 대혼란 속에서 메시지를 전달하려고 노력하는 (아니, 그저 살아남기만이라도 바라는) 사람이라면 반드시《아이코니스트》를 읽어야 한다. 제이미 머스터드의 접근법은 당신의 사고방식을 재정립할 것이다."

– 데릭 웰치(Derek Welch), 빅자이언트, UNKL 공동 창립자

"《아이코니스트》는 감당하기 힘들 만큼 정보가 넘치는 현대 기술 세상에서 삶의 이중성을 포착한다. 우리는 예전 그 어느 때보다도 많은 정보를 쉽게 얻을 수 있지만, 다른 한편으로는 어떻게 해야 넘치는 정보를 자기 삶에 유용하게 소화할 수 있을지 몰라서 불안하고 우울하고 절망스럽다. 《아이코니스트》와 함께라면 정신없이 빠르게 돌아가는 이 세상에서 온전한 정신과 성공을 동시에 확보할 수 있다. 앞으로의 삶이 과연 어떨지 어리둥절한 사람이라면 반드시 읽어야 할 책이다. 《아이코니스트》는 참으로 독창적인 작품이다.”

– 마이클 모로(Michael Morrow), 넛케이스 헬멧 창립자

“《아이코니스트》는 우리 삶에 의미와 목적을 부여하는 사회 기반의 건전성에 아주 긴급하고 중대한 질문을 이끌어낸다. 탁월한 책이다.”

– 쇼나 스프링어(Shauna H. Springer) 박사, PTSD와 도덕적 상해에 관한 세계적 권위자, 생존자를 위한 비극 지원 프로그램 자살 예방 및 사후 관리 팀(TAPS Red Team) 책임자

“이 책은 아무리 복잡한 과학과 공학이라도 누구나 이해하고 알아볼 수 있는 방법을 제시한다. 소음으로 가득 찬 이 세상에서 복잡한 내용을 단순하게 표현해서 누군가가 이를 이해하고 갈망하기를 바란다면 《아이코니스트》가 해답이다.”

– 티비 아이오뷰(Tibi Iovu), 미국항공우주국 제트추진연구소 소속 카시니호 우주비행 관제센터 수석 엔지니어

무한한 감사를 담아서

내 좋은 친구이자 없어서는 안 될 협력자
쇼 토머스(H. Shaw Thomas)에게 깊은 고마움을 전합니다.
그가 변함없는 열정과 헌신, 근면으로 편집에 참여해주지 않았다면
이 책은 완성될 수 없었을 것입니다.
쇼, 이 책은 우리 두 사람이 함께 이룬 성과입니다.

내가 이 책을 쓰도록 이끌어준 보텍스 음악 잡지 편집장
크리스 영(Chris Young)에게 심심한 사의를 표합니다.
그의 조사와 조언, 작업, 지속적인 지원은
값을 헤아릴 수 없을 만큼 귀중했습니다.

아홉 살 때의 나 자신과,

그와 동행하며 도와준 천사들에게

The
ICONIST
차례

3

자기만의 블록으로 아이코니스트가 된 사람들

4

MZ세대를 사로잡는 아이코니스트의 전략

지금 당장 사람들의 관심을 끌지 않으면 영원히 그 사람들을 놓치게 될 수 있다.

우리 삶은 기술 덕분에 분명히 편리해졌지만, 기술 때문에 힘들어지기도 했다. 기술이 유발한 변화는 콘텐츠와 선택의 폭을 폭발적으로 증가시켰다. 쏟아지는 제품과 서비스, 목소리들이 우리 관심을 끌려고 끊임없이 경쟁하고 있다. 언제나 인터넷에 접속할 수 있는 현대 사회에서 정보는 파도처럼 밀려와 우리 감각을 덮치고 개인의 목소리를 희석한다. 의식하든 그렇지 않든 간에 우리는 백색소음의 바다에 익사하고 있다.

끊임없이 이어지는 주변의 소음은 우리가 서로의 목소리에 귀 기울일 수 없도록 방해한다. 예술가들은 관람객 확보에 애먹고, 작가들은 독자들의 집중력을 유지하는 데 실패한다. 광고는 매출

증진에 실패한다. 혁신가들은 아이디어 실현에 필요한 지원을 얻지 못한다. 기업체들은 신규 고객 유치에 어려움을 겪는다. 모두가 눈에 띄려고 애쓰고 있지만, 정보가 넘치는 디지털 세계에 질린 사람들은 그중 일부에만 관심을 보일 뿐이다.

주목받는 것은 성공의 첫걸음이다. 그다음 단계는 기억되는 것이다. 그러나 이 두 가지 요인은 통제하기가 거의 불가능해졌다. 선택지가 넘쳐나는 바다에서 누군가가 당신이 무엇을 하고 있는지 봐줄 것이라고 어떻게 장담할 수 있는가? 당신이 사람들의 마음에 남을 것이라고 어떻게 확신할 수 있는가? 이 책은 이 문제를 해결하고자 한다.

《아이코니스트》는 역사와 심리학, 예술, 대중문화에서 얻은 교훈을 바탕으로 당신이 원하는 대로 두드러지고, 당신의 목소리를 들려주고, 기억될 수 있도록 도와줄 분명한 공식을 제시한다. 어떤 유대 관계를 시작할 때 상대방의 이해를 얻으려면 단순하게 말해야 한다. 《아이코니스트》는, 당신이 어떤 일을 하든 간에 전달하고 싶은 핵심을 뽑아서 상대방의 관심을 끌기에 적합한 단순한 메시지로 시작하는 방법을 다루는 편리한 설명서다. 한마디로 **철저한 단순성**을 달성하는 법을 알려주는 안내서다. 오직 단순함만이 관심을 얻는다.

현재 나는 메시징과 디자인, 의사소통 전문가로 일하면서 기업가 및 신규 사업체를 비롯해 성공한 예술가, 브랜드, CEO, 혁신가들을 컨설팅해주고 있다(일부 사례는 이 책에서 소개한다). 내 고객들 중에는 커다란 성공을 거둔 이들도 있다. 하지만 그들을 포함한 모든 고객들이 너무 많은 정보가 넘쳐나는 이 세상에서 자기 목소리를 전달하기가 힘들다며 나를 찾아왔다.

나는 평탄하지 않았던 인생 여정을 거쳐서 두드러짐의 기술과 과학을 탐구했고, 마침내 모든 사람을 도울 수 있는 해결책을 발견했다. 빈곤과 방치 속에서 자란 나는 어릴 적 학교에 가는 날이 드물었고 부모의 보살핌을 거의 받지 못했다. 혼란스러운 시절이었다. 엉망인 나날이었고 정신은 산만했다. 내 어린 시절의 시간은 천천히 흐르는 듯했다. 오염된 로스앤젤레스 하늘에 내리쬐다가 스모그에 부딪쳐 꺾인 햇빛은 무력감을 키울 뿐이었다. 타는 듯 뜨거운 회색 콘크리트가 내가 아는 세계의 전부였다. 비가 내리는 모습을 떠올리려고 애썼던 기억이 난다.

나는 이런 황량한 로스앤젤레스 동네에서 자라서 미국 하층민 노릇을 하게 될, 특징도 미래도 없는 아이였다. 앞으로 내가 육체노동과 고된 일에 시달리게 될까 봐 두려웠다. 결국 나는 상황을 뒤집어서 고등학교를 졸업한 다음에 런던정경대학(London School of Economics)에 들어갔다. 20년이 지난 뒤에야 나는 박탈과 존재감 부재, 고난으로 얼룩졌던 어린 시절에 심은 씨앗이 내가 성인기에 불태운 열정의 전조였음을 깨달았다. 그런 열정을 쏟은 곳은 정보가 쏟아지는 세상에서 어떤 것, 나아가 그 무엇이든 '두드러지게' 하는 데 무엇이 필요한지 발견하는 일이다. 나는 기본적으로 '관심의 경제학(economics of attention)'에 집중하면서 일해왔다.

작디작은 독립영화관에 앉아서 건축가 루이스 칸(Louis Kahn)의 작품을 다룬 다큐멘터리를 보다가, 잊을 수 없이 대담하고 단일한 그의 건축물을 보며 나는 청소년기에 읽었던 빌리 조엘(Billy Joel) 인터뷰를 떠올렸다. 조엘은 어떻게 그렇게 많은 히트곡을 쓸 수 있었냐는 질문을 받았다. 조엘은 음악을 아름답거나 재미있거나 예술적으로 만드는 요소보다 오래 남도록 만드는 요소에 더 관심을 가졌다고 대답했다. 그는 젊을 때 음악가보다 음악학자가 되려고 노력했다고 말했다. 무엇보다도 베토벤 교향곡 제5번 〈운명〉(바-바-바-밤! 하는 도입부로 유명하다)이 200년 넘게 계속 사랑받는 이유를 알고 싶었다고 했다. 나는 거의 15년 동안 이 질문에 대한 답을 찾아왔다.

그렇게 나는 영화관에 앉아 완전히 다른 창작자의 작품을 보면서 칸의 단일체 구조물과 조엘의 반복 멜로디 사이에 연관성이 있는지 생각하기 시작했다. 마치 불꽃이 튀는 느낌이었다. 실제로 내 살갗이 뜨거워질 정도였다.

경제사를 공부했던 나는 모두에게 주목받고 오래 기억되는 것들의 패턴이 실제로 존재하는지 살펴보기 시작했다. 관심의 경제학이 실제로 있을까? 어떤 대상은 마음속에 새겨지는 반면에 어떤 대상은 튕겨져 나가는 이유는 무엇일까? 어떤 사업이나 과학, 예술, 발상, 메시지가 두드러져서 아이콘이 되는 원인은 무엇일까?

세상에 휘몰아치는 온갖 메시지, 제품, 서비스 속에서 눈에 띄기가 거의 불가능에 가까워진 이 시대에 이런 기제는 어떻게 작동하는 것일까?

내가 찾은 대답은 내 사고방식을 바꿔놓았고, 음악과 건축물을 훌쩍 넘어선 의미를 지녔다.

이후 10년 동안 나는 내가 찾은 대답을 뒷받침하는 법칙들을 통합하고 체계적으로 정리하고자 애썼다. 마침내 찾아낸 법칙들은 사실 아주 단순했다. 너무 단순해서 우리 주변 어디에서나 그 사례를 찾아볼 수 있는데도 알아차리지 못할 때가 많다.

이 책은 당신에게 두드러지고, 관심을 사로잡고, 마음에 새겨지는 방법을 알려줄 것이다. 당신이 어떤 분야에서 일하든, 이런 인간 지각 패턴을 활용해서 타인에게 참여를 요구할 수 있는, 전적으로 저항할 수 없는 콘텐츠를 창작하는 방법을 보게 될 것이다. 사람들의 시선을 사로잡는 요인은 아주 단순한 속성을 지닌다. 대개 사람들은 자신의 작품이나 업무와 너무 밀접한 관계를 맺고 있다. 그래서 오히려 관심을 끌 수 있도록 단순하게 표현하기가 힘들다. 나는 언제든지 이를 가능케 할 공식을 제시할 것이다. 이 책에서 소개할 사례들은 이런 거부할 수 없는 관심의 법칙을 어린이부터 CEO까지 누구나 사용할 수 있도록 다양한 각도에서 보여준다.

지독한 무식과 빈곤에 시달리다가 런던정경대학에 진학하고 비교적 풍요로운 생활을 누리게 되기까지, 나는 생활환경이 어떻든 간에 모든 사람들이 잊힘의 무게를 느낀다는 사실을 목격했다. 실패할지도 모른다는 두려움은 우리가 스스로 원하는 바를 추구하지 못하도록 가로막는 가장 큰 걸림돌이다. 나는 당신이 이 책을 활용해서 자신의 가장 원대한 꿈과 열망을 이룩할 수 있기를 바란다.

제이미 머스터드

《아이코니스트》는 우리가 사는 세상을 그리며, 당신만의 아이콘
을 만들어내는 공식과 지침을 알려준다. 동일한 규칙이 모든 매
체와 콘텐츠에 적용되므로 단순하게 견본이나 정형화된 지침을
제공할 수는 없다. 그 대신 '아이코니스트'처럼 생각하는 방법
을 알려줌으로써 완전히 새롭고 중대한 영향을 미치는 방식으
로 자신의 업무를 생각하고 표현하는 법을 보여주고자 한다.

- 1부 문제 제기 : 항상 인터넷으로 연결돼 있는 세계가 집중
  력에 어떤 문제를 일으키는지, 나아가 이 문제 때문에 타깃
  고객에게 접근하려는 사람들이 어떤 어려움에 부딪치는지
  소개한다.
- 2부 인간 지각의 원시적 법칙 : 자연에서 쉽게 찾을 수 있는

'블록'의 정의와 블록이 아이콘이 되는 과정, 단순한 블록과 아이콘이 인간 지각에 얼마나 큰 영향력을 발휘하는지에 대해 탐구한다. 이 과정을 거치면 당신은 언제 어디서든 쉽게 블록과 아이콘을 알아볼 수 있게 된다. 미술과 건축물, 음악, 연설문 속에서 힘을 발휘하는 블록 사례도 소개한다.

- 3부 비즈니스 영역에서 성공한 블록과 아이콘의 사례 : 분야를 가리지 않고 자신의 업무에 블록을 만들어 활용한 아이코니스트들의 사례를 소개한다. 블록의 기본 원칙을 재확인할 수 있다.

- 4부 진정성과 투명성을 활용해서 MZ세대를 공략하는 방법 : 마지막으로 4부에서는 새로운 세대를 설득하기 위한 전략으로서의 진정성과 투명성을 다룬다. 전통적인 마케팅은 끝났다. 지금은 투명하고 쉽게 이해할 수 있는 사실과 진짜 콘텐츠, 그리고 진정성을 다하는 태도만이 신뢰를 얻는다. 디지털 세계는 우리가 주변 세계와 소통하고 지각하는 방식을 완전히 바꿔놓았다.

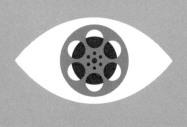

아이코니스트만이
살아남는다

대담함이여 내 벗이 되어라!

윌리엄 셰익스피어, 《심벨린(Cymbeline)》

아름다운 옛 그림이 셀 수 없을 만큼 많이 걸려 있는 고대 미술관을 거닐다가 어떤 그림 앞에 멈춰 섰다고 상상해보라. 우리는 대개 자신이 별다른 이유 없이 어떤 그림 앞에 멈춰 섰다고 생각하지만, 실은 그렇지 않다.

음악도 마찬가지다. 어느 날 저녁에 크레센트하이츠 대로와 도헤니 대로의 사잇길, 웨스트할리우드와 베벌리힐스로 이어지는 관문이자 로스앤젤레스의 심장부인 선셋스트립을 따라 걷기로 마음먹은 당신은 클럽이 빽빽이 들어선 유흥가의 모든 가게를 스쳐 지나간다. 그러던 당신이 어떤 밴드의 연주에 발을 멈추고 계속 귀 기울여 음악을 듣는다. 거기에는 그럴만한 이유가 있었을 것이며, 그 이유는 당신의 음악 취향과 전혀 무관할 것이다.

아마도 당신은 '그 음악이 마음에 들었다' 혹은 '내 취향의 음악'이라고 생각할 뿐 다른 이유를 알아차리지 못하겠지만, 진짜 이유는 훨씬 더 원시적이다. 일단 관심의 법칙(law of attention)과 끌어당김의 법칙(law of attraction)을 이해하고 나면, 이런 법칙이 당신 주변 어디에서나 작용한다는 사실을 알게 될 뿐만 아니라 이런 법칙을 이용해서 당신이 원하는 관심도 얻을 수 있다.

집중을 방해하는 요소가 산재한 현대 사회에서도 어떤 아이디어, 예술, 광고, 과학 이론, 메시지들은 확실히 두드러지는 반면, 어떤 것들은 묻힌다. 우리가 어떤 사람들에게는 주목하고 다른 사람들은 무시하는 이유가 반드시 그 어떤 사람들의 작품이 남들보다 더 새롭거나 더 아름답거나 더 혁신적이라는 데 있지는 않다 (물론 그런 이유일 수도 있다).

진짜 이유는 인간 지각의 원시적 법칙들, 즉 인간이 정보를 받아들이고 걸러내는 방식에서 찾을 수 있다. '아이코니스트 (Iconist)'는 이 법칙들을 통달하고 다른 사람들에게 관심을 이끌어내는 사람이다. 아이코니스트는 사람들이 선호하는 정보 습득 방식과 정보를 걸러내게 하는 요인을 잘 안다.

아이코니스트는 즉시 이해할 수 있는 아주 크고 대담한 이미지나 문구를 사용한다. 또한 일반 상식과 달리 관심을 끄는 데 반복법을 활용한다. 반복법이 효과적이지 않다고 가르치는 경우가 많지만, 아이코니스트는 반복을 통해 전달하려는 메시지에 대한 관심도와 지지도를 높인다. 듣기에는 간단할 것 같지만 이 기법을 활용할 줄 아는 사람은 드물다. 그러나 이런 기법을 익힌다면, 우리는 삶의 거의 모든 영역에서 자신이 원하는 바를 더 많이 이룰 수 있다.

이 책《아이코니스트》는 아이콘(Icon)과 블록(Block)이라는 개념을 중점적으로 다룬다. 아이콘과 블록은 비슷한 관념이지만 둘 사이에는 중대한 차이점이 한 가지 있다. 블록은 간결하고 분명하고 대담하며 단일한 이미지, 문장, 멜로디, 물리 구조, 디자인을 말한다. 이 책 전체에 걸쳐서 블록의 예를 살펴보겠지만, 진정한 블록이 되려면 누가 보더라도 즉시 이해할 수 있어야 한다. 정의상 블록은 관찰자나 시청자의 마음을 아직 장악하지 않은, 아이콘이 만들어지는 과정이나 아이콘이 발생하기 직전의 상태다. 일관되고 신중하고 눈에 띄게 반복함으로써 블록은 당신이 움직이려고 하는 사람들의 관심을 끌고, 두드러지고, 나아가 사람들의 마음속에 각인된다. 사실 제대로만 된다면, 당신이 노리는 타깃은 선택권을 누리지 못할 것이다. 일단 블록이 타깃에게 받아들여져서 마음속에 새겨지는 그 순간, 블록은 아이콘이 된다.

이 책에서 사용하는 아이콘이라는 단어는 블록으로 만든 아이콘을 뜻한다. 아이콘과 블록은 서로 밀접한 관계를 맺고 있으므로 내 고객들은 종종 블록을 사용한다는 뜻으로 "아이콘화한다(Iconing)"라고 말하기도 하고, "내가 그것을 아이콘화했어!(I Icon'd it!)" 같은 말을 쓰기도 한다.

철저히 단순하게 이끌어나갈 때 모든 것이 바뀐다. 이 책에서 소개하는 예시들을 따라가다 보면 당신은 아이코니스트로 변모하는 법을 배우게 될 테고, 그 결과 한 인간으로서 좀 더 성취감을 느끼게 될 것이다.

이 책에서 제시하는 법칙을 사용하다가도 때로는 필요 이상으로 메시지를 복잡하게 만들고 싶어지는 순간이 찾아올 수 있다. 그 유혹에 굴복하지 말라. 단순하게 만들어가다 보면 거북함이 느껴질 때가 종종 있지만, 그 불편함을 넘어설 때 행복해질 수 있다.

현재 당신이 자기 자신을 어떤 전달자라고 판단하든 간에, 일단 아이코니스트가 되면 당신은 자신의 메시지를 상대방이 잊을 수 없도록 전달할 수 있다. 블록과 아이콘이 빚어내는 자연법칙을 이용한다면 어떤 예술이나 정치적 메시지, 영화, 광고, 음악, 저작물, 혁신, 선언이라도 관심을 불러일으킬 수 있다.

명심하라. 자기 자신을 표현하는 능력과 상대방에게 전달하는 능력은 서로 완전히 다르다. 우리가 무언가를 표현하더라도 아무도 관심을 기울이지 않을 수 있다. 원하는 바를 얻으려면 반드시 상대방이 귀를 기울여야 한다. 1부에서 살펴보겠지만, 블록을 사용하지 않으면서 다른 사람들이 들을 수 있도록 모든 소음을 돌파하기란 거의 불가능해졌다. 즉, 아이코니스트가 되지 않으면 당신이 어떤 영역에서 일하고 있든 당신은 실패하게 될 것이다. 이제 아이코니스트만이 살아남는다.

The ICONIST

1부

잊히지 않기 위한 전쟁

너무 많은 광고들

2

의미와 본질은 사물의 뒤편 어딘가에 숨어 있는 것이 아니라
사물의 내면, 만물의 내면에 있었다.

헤르만 헤세, 《싯다르타》

2000년대 중반 남아메리카의 한 용감한 도시 정부가 대대적으로
매체들을 단속하며 광고 남발을 금지했다. 그 과정에서 숨겨져 있
던 그 도시의 활기찬 모습이 드러났다. 이 대담하고 혁명적인 정
책을 추진한 주체는 바로 브라질 상파울루 시청이었다.

상파울루 시청의 이 놀랍고 새로운 접근법은 심각한 소음 및
대기, 수질 오염 문제를 넘어선, 총체적 차원에서의 모든 공해에
대처하겠다는 갈망에서 비롯됐다.

2006년에 상파울루 시청은 브라질 최대 도시 상파울루에서 모

든 옥외 광고를 금지하는 '깨끗한 도시 법안(Clean City Law)'을 통과시켰다. 법안이 통과된 다음 해에 상파울루 전역에서 1만 5,000개에 달하는 대형 광고판, 옥외 전광판, 버스 광고가 전부 사라졌다. 광고를 제거하자 도시 본연의 모습이 그대로 드러났다. 콘크리트 건물 숲 곳곳에 놀랍도록 멋진 역사적 건축물들이 숨어 있었다.

브라질은 논란을 불러올 만한 혁신적인 사회·경제적 관행을 많이 겪어본 국가다. 1940년대부터 1960년대에 걸쳐서 브라질 정부는 수입품 의존도를 낮추고자 극단적인 조치를 취했다. 당시 브라질에는 전반적으로 현대적인 제조 기반 시설이 부족했다. 그래서 국내에서 생산할 수 있는 제품이 늘 부족했고, 결국 해외에서 최신 제품을 수입하는 데에 너무 많은 국부가 유출되고 있었다. 브라질 정부는 이런 기반 시설 부족 문제를 해결하고자 특정 수입품에 수입 한도를 설정하고 높은 관세를 매겨서 브라질 상류층과 기업계의 욕망을 통제했다.

브라질 정부가 국내 경제 엘리트에게 보낸 메시지는 간단했다. 멋진 사치품을 누리고 싶다면 국내 경제에 투자하고 기반 시설을 세워서 직접 만들어야 한다는 내용이었다. 이 전략은 효과를 발휘했다. 이런 정책은 1960년대 브라질의 제조업 경제를 활발하게 이끈 강력한 씨앗이었다. 이는 식민 통치에서 벗어난 이후, 자국 경제에 불리한 데도 계속 수입품에 의존하는 경향을 띠기 마련인 신생 독립국에서 좀처럼 보기 힘든 특징이다.

이후 1970년대에 석유 파동이 발생했을 때에도 브라질은 해외 의존도를 낮추고자 또 한번 대담한 행동에 나섰다. 이번에 브라질은 수입 석유 의존도를 낮추고자 국내 석유 생산과 대체에너지 산업 자원을 확대함으로써 사탕수수 에탄올을 대량생산하는 기술을 개발하기에 이르렀다. 이런 노력으로 오늘날 브라질은 세계에서 가장 에너지 독립도가 높은 국가 대열에 끼게 됐다. 그러니 2006년도에 실시한 '깨끗한 도시 법안'이 충격적일 수는 있어도 브라질이라는 국가 특성에 전혀 어울리지 않는 정책은 아니었다.

우리는 가장 눈에 잘 띄는 부문인 시각 공해를 시작으로 오염과 싸워야 한다는 데 뜻을 모았습니다.

상파울루 시장 지우베르투 카사브(Gilberto Kassab)

디지털·시각·광고 공해는 100년 넘는 시간 동안 대부분의 사람들이 알아차리지도 못하는 사이에 개인의 목소리를 희석하고 우리가 상호작용하는 방식을 바꾸고 있다. 이런 공해는 우리에게 슬그머니 다가온다. 상파울루가 이런 공해의 해악을 알아차렸을 뿐만 아니라 대담하게 대처에 나섰다는 사실 자체가 많은 시사점을 던진다.

상파울루가 깨끗한 도시 법안을 시행한 이후, 상파울루 시민 중

70퍼센트가 이 조치로 삶의 질이 크게 높아졌다고 답했다. 광고를 제거하자 잃어버린 건축 세계와 고요한 환경이 드러났다. 이 노력으로 오랫동안 광고판에 가려졌던 건물들이 드러났을 뿐만 아니라 장기간 지속된 상파울루의 빈곤 문제 역시 드러났다. 거대한 구조물과 건물에서 광고판을 걷어내자 한동안 그에 가려져 있었던 상파울루의 빈민 지역이 폭로됐다.

처음 광고판을 내렸을 때 상파울루 시민들은 방향감각을 상실했다고 말했다. 대규모 메시징이 상파울루 문화의 일부였던 만큼 광고판은 랜드마크 역할을 했다. 저널리스트 비니시우스 가우방(Vinicius Galvão)은 미국 공영 라디오(National Public Radio)와의 인터뷰에서 "정말 이상하게도 길을 잃어요. 길을 찾을 때 참고할 기준이 사라졌죠"라고 말했다. 예전에 가우방은 상파울루 어느 지역에서 방향을 찾을 때 파나소닉 광고판을 사용했었다. 그는 "지금 내가 참고하는 기준은 그 거대한 파나소닉 광고에 가려져 있던 아르 데코 양식 건물이죠. 이제 상파울루는 새로운 언어, 새로운 정체성을 지니게 됐어요"라고 상기했다.

상파울루에서 광고를 걷어내자 예전에 가려져 있던 세상이 드러났다. 그 세계는 콘텐츠 과부하로 희석돼 있었지만 이제 그 나름의 새로운 메시지를 발한다. 아이러니하게도 상파울루가 옥외 광고를 엄격히 금지하면서 내놓은 유일한 타협안은 사전에 허가받은 낙서 예술과 거리 미술을 허용하는 정책이었다. 그 결과 건물 전체 높이에 이르는 거대하고 상징적인 벽화가 줄지어 생겨났다. 이런 예술과 건축이 상파울루의 진짜 개성을 드러내는 목소리이자 표현이다. 집중을 방해하는 요소와 희석 현상을 정복하면서 마침내 상파울루는 숨을 쉬기 시작할 수 있었다.

상파울루의 광고판이 도시의 아름다움(역사적 건축물)을 감추고 빈곤(빈민 지역)을 가렸던 것과 마찬가지로, 당신의 메시지 역시 오늘날 디지털 통신(혹은 공해)의 엄청난 양과 무자비한 힘에 가려져 있다. 상파울루가 도시 빈민 지역을 모두가 분명히 볼 수 있도록 드러냈을 때, 이를 해결할 대책 또한 시행할 수 있었다. 같은 맥락에서 블록을 이해하고 사용할 때, 당신은 목표로 하는 타깃의 마음에 당신이 전달하고자 하는 단 하나의 메시지만 남길 수 있다.

너무 많은 콘텐츠들

3

무엇이든 지나치게 증가하면 정반대 방향으로 반발이 일어나기 마련이네.

플라톤, 《국가》

20세기 말 상파울루가 광고판으로 붐볐듯이 요즘은 전 세계가 붐 빈다. 인류 역사 내내 인구는 꾸준히 증가했다. 특히 비교적 최근의 발전, 즉 지난 300년 사이에 이룩한 혁신으로 인구는 폭발적으로 증가했다. 최근 들어 세계 인구는 78억 명을 돌파했다. 이는 150년 전만 해도 불가능하다고 여겨진 수치다.

이 상황은 예전에는 미처 상상할 수 없었던 문제로 이어진다. 어떤 요소가 증가할수록 전체를 구성하는 부분은 점차 눈에 띄지 않게 된다(10피스짜리 퍼즐과 1,000피스짜리 퍼즐을 떠올려보라). 미처 실감하지 못했을 수는 있지만 세계 인구가 급격하게 증가함에 따라 당신의 존재는 옅어지고 있으며, 이로 인해 당신이 한 개인으로 두각을 드러내기가 훨씬 더 힘들어졌다.

디지털 기술과 함께 찾아온 3차 산업혁명은 이 문제를 이해하는 데 도움이 될 만한 건설적이고 건전하며 균형 잡힌 방법을 제공하지도 않은 채, 우리를 맹공격했다. 이렇게 인구가 급증한 데다가 사람들은 1년 365일, 하루 24시간 언제든 실시간으로 서로에게 메시지를 전달할 수 있는 수단을 갖게 됐다. 많은 개발도상국에서 수돗물도 나오지 않는 시골에 사는 사람들조차 스마트폰을 쓴다.

전통적인 매체뿐 아니라 소셜 미디어, 광고 등 세상에 쏟아지는 콘텐츠의 양 자체가 엄청나졌다. 이 모두가 모여서, 붐빌 뿐만 아니라 지독하게 시끄러운 세상을 만들고 있다.

50년 전만 해도 미국에는 주요 방송사가 NBC, CBS, ABC 세 곳뿐이었고, 사람들은 텔레비전에서 방영하는 프로그램을 봤다. 케이블 텔레비전이 대세를 장악하기 전, 시청자들은 한정된 선택지에 만족했다. 하지만 이제 우리는 "더 많이, 더 많이, 더 많이!"라고 외치는 엔터테인먼트 문화 속에 살고 있다.

새로운 매체가 급증하면서 지면과 방송 전파를 채울 콘텐츠 수요 역시 크게 늘어났다. 출판 잡지와 온라인 잡지, 수많은 케이블 채널, 방송사, 위성 라디오 채널, 인터넷 텔레비전과 라디오 방송

최근 급격히 증가한
세계 인구

60억 명
2000년

3억 4,500만 명
1000년

2억 명
서기 원년

2,700만 명
기원전 2000년

700만 명
기원전 4000년

600만 명
기원전 6000년

500만 명
기원전 8000년

100만 명
기원전 10000년

세계 인구 증가 속도

인구	연도	경과 연수
100만 명	**기원전 10000년**	
2억 명	**서기 원년**	**10,000년**
10억 명	**1804년**	**1,804년**
20억 명	**1927년**	**123년**
30억 명	**1960년**	**33년**
40억 명	**1974년**	**14년**
50억 명	**1987년**	**13년**
60억 명	**1999년**	**12년**
70억 명	**2011년**	**12년**
80억 명	**2027년**	**16년**
90억 명	**2046년**	**19년**

국, 전광판을 비롯해 일일이 열거할 수 없을 만큼 다양한 최신 엔터테인먼트 기기를 통해 시청자에게 내보낼 메시지와 콘텐츠가 필요해졌다.

이처럼 콘텐츠를 원하는 끝없는 수요로 인해 대중매체 산업 단지가 생겨났고, 수많은 매체를 24시간 내내 죽을힘을 다해 콘텐츠로 채워야 한다. 이 무모한 체제는 아무리 비효율적이더라도, 나아가 아무리 부정적인 영향을 미치더라도 계속 앞으로 나아간다. 콘텐츠를 확보하려는 경쟁은 정보의 질을 떨어뜨리며, 끊임없이 우리에게 정보를 쏟아내며 그 신뢰성을 더욱더 낮추거나 아예 파괴한다.

앞다투어 우리 관심을 얻으려는 정보가 그 어느 때보다도 많은 상황이지만, 이렇게 맹공격을 퍼붓는 업계는 정작 집약되는 양상이다. 미국 대중매체 업계에서는 단 여섯 개 기업이 텔레비전부터 영화 제작 및 배급, 전 세계 출판 및 온라인 통신 분야의 주식까지 대량으로 소유하고 있다. 이 사실을 잘 생각해보라. 단 여섯 개 기업이 전 세계가 듣고, 보고, 읽는 거의 모든 내용을 좌우한다는 뜻이다.

2000년대 중반에 마케팅 조사 기업 얀켈로비치(Yankelovich)의 사장 워커스미스(J. Walker-Smith)가 1970년대에 미국인은 하루에 광고 500건을 봤지만 2006년에는 하루에 최대 5,000건을 보기에 이르렀다고 말한 사실은 널리 알려져 있다.

많은 연구자들이 여러 발달 국면 중에서도 소셜 미디어와 온

주요 뉴스 방송사가 전 세계에 미치는 영향력 범위

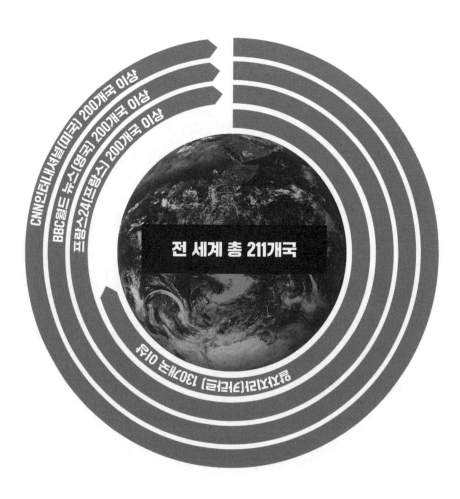

CNN인터내셔널(미국) 200개국 이상

BBC월드 뉴스(영국) 200개국 이상

프랑스24(프랑스) 200개국 이상

전 세계 총 211개국

알자지라(카타르) 130개국 이상

라인 광고의 폭발적인 성장에 당혹감을 나타냈다. 현재 연구자들은 우리가 매일 몇 편의 광고에 노출되는지 추정조차 하지 못한다(2015년에 광고 대행사 레드크로마케팅[Red Crow Marketing]의 론 마셜[Ron Marshall]이 흥미로운 실험에 착수했다. 마셜은 자기가 하루에 광고 메시지를 몇 개나 보는지 세어보기로 마음먹었다. 그는 아침 식사를 마치기도 전에 487건을 봤다! 당황하고 깜짝 놀란 그는 실험을 그만두기로 했다). 그러나 개별 광고를 일일이 세지 않더라도 구글의 광고 수입 변화를 보면 그 성장세를 명백히 알 수 있다. 2011년 구글의 광고 수입은 전년 대비 29퍼센트 성장한 365억 달러를 기록했다. 이 금액은 타깃 고객층에 광고를 노출하는 대가로 구글이 받은 수수료다. 이런 맹공격이 놀라운 속도로 계속해서 거세지고 있다.

연구자들과 마찬가지로 당신 역시 의식적으로나 무의식적으로 매일 노출되는 광고 수를 세어볼 엄두조차 낼 수 없을 것이다. 광고는 온라인에서 당신의 관심을 끌고자 경쟁하는 요소 중 하나일 뿐이다. 트위터, 페이스북, 핀터레스트, 인스타그램과 같은 소셜 미디어를 비롯해 각종 콘텐츠 역시 마치 광고처럼 우리를 맹렬하게 공격한다. 이런 매체까지 계산에 넣는다면 매일 끊임없이 우리를 때리는 마이크로메시지는 수만 건에 달할 것이다. 간단히 말해서, 기술은 우리를 고단하게 만들고 있다.

현존하는 데이터의 양이 얼마나 되는지는 파악하기 어렵다. 〈사이언스(Science)〉에 실린 한 기사는 이를 흥미로우면서도 여전히

6대 대중매체 기업

비아콤

26
텔레비전
케이블 방송사

2
텔레비전
제작 회사

10
텔레비전
방송사

170
국제 텔레비전
방송사

3
라디오
방송국

7
영화 제작사

1
잡지사

2
음반사

35
웹사이트

디즈니

7
텔레비전
방송사

26
텔레비전
케이블 방송사

8
텔레비전
방송국

226
ABC 계열사

11
국제 텔레비전
채널

12
영화 제작 및
배급사

277
라디오 방송국

30+
웹사이트

16
출판사

6
잡지사

5
음반사

CBS

1
텔레비전
방송사

19
텔레비전
케이블 방송사

16
텔레비전
방송국

200+
ABC 계열사

5
국제 텔레비전
채널

130
라디오 방송국

25
웹사이트

21
출판사

타임워너

1
텔레비전
방송사

25
텔레비전 케이블
방송사

13
텔레비전 제작 및
배급사

11
지방 및
지역 채널

27
국제 텔레비전
방송사

9
영화 제작 및
배급사

150+
잡지사

25+
웹사이트

2
만화 출판사

30
출판사

뉴스코프

2
텔레비전
방송사

37
텔레비전
케이블 방송사

25
텔레비전
방송국

226
폭스 계열사

11
위성 텔레비전
방송사

46
위성 텔레비전
방송사

15
영화 제작 및
배급사

150+
신문사

35
웹사이트

2
출판사

30
잡지사

제너럴일렉트릭

3
텔레비전
방송사

29
텔레비전 케이블
방송사

10
텔레비전
방송국

200+
NBC 계열사

14
국제 텔레비전
채널

4
텔레비전
제작 및 배급사

3
영화 제작 및
배급사

11
타 제작 회사와
파트너십

20+
웹사이트

1
잡지사

상상하기 어렵게 설명했다. 현재 지구상에 존재하는 모든 디지털 데이터를 두께 1.2밀리미터인 CD에 담아서 층층이 쌓으면 그 CD 탑은 달에 닿고도 남는다고 한다.

이제는 거의 사용하지 않아 퇴출 수순을 밟고 있는 CD 이야기가 나왔으니, 요즘 스마트폰에 저장할 수 있는 음악이나 사진을 CD에 담으면 몇 장이나 필요할지 생각해보자. 놀랄 만큼 많이 필요하다. 세상에는 우리가 감당할 수 있는 양보다 훨씬 많은 데이터가 있는 데다가 이는 하루하루 늘어나고 있다. 2012년에 세상에 존재하는 데이터양은 1,750엑사바이트(exabyte, 1엑사바이트는 2³⁰기가바이트 – 옮긴이)였다. 위에서 언급한 〈사이언스〉 기사에서는 이 수치가 폭발적으로 증가해 2020년에는 4만 엑사바이트에 이를 것이라고 추정했다. 인류가 등장한 이래 인간이 입 밖으로 낸 모든 단어를 다 합쳐도 5엑사바이트에 불과하다는 사실을 생각하면 1엑사바이트가 얼마나 막대한 양인지 감을 잡을 수 있을 것이다.

소비자로서 우리는 항상 연결돼 있고, 접속돼 있으며, 과부하에 시달린다. 100년 전만 해도 우리가 일상에서 접할 수 있는 '매체 자극'이라고는 인쇄물, 극장, 라디오가 전부였다는 사실을 고려하면 이는 정말이지 획기적인 변화다. 텔레비전이 보급되고 몇십 년이 지나서 인터넷이 발명됐고, 그 후 몇십 년이 지난 지금, 기술이 주도하는 선택지가 유성우처럼 우리에게 쏟아지고 있다. 많을수록 더 좋지만은 않다. 특히 어디에나 있는 휴대전화의 경우는 더

평범한 미국인이
하루에 보는
광고 편 수

1970년
500

현재
5,000

지구상에 존재하는
디지털 정보량

연도	엑사바이트
2006	150
2007	200
2008	250
2009	500
2010	750
2011	1,200
2012	1,750
2020	40,800

출처: Charles Arthur, "What's a Zettabyte? By 2015, the Internet Will Know, Says Cisco", *Guardian* (2011. 6. 9)

욱 그렇다. 시카고대학교 출판사가 내놓은 한 연구 논문 〈두뇌 유출: 스마트폰의 존재만으로도 유효 인지 능력이 감소한다(Brain Drain: The Mere Presence of One's Own Smartphone Reduces Available Cognitive Capacity)〉는 이 사실을 분명히 지적한다. 전화기에 아주 잠깐 주의를 기울이는 행동만으로도 우리의 사고 능력이 감소한다. 〈애틀랜틱(Atlantic)〉에 실린 한 기사는 "스마트폰은 그냥 가만히 그 자리에 있기만 해도 당신의 지적 능력을 떨어뜨린다"라고 밝혔다. 실제로 휴대전화는 우리가 굳이 그것을 사용하고 있지 않더라도 그 존재만으로 우리를 더 멍청하게 만든다.

인터넷 검색엔진은 쏟아지는 막대한 양의 정보를 선별할 수 있도록 우리를 돕는다고 하지만, 실은 문제를 더 심각하게 만든다. 최근에 했던 인터넷 검색을 생각해보라. 얼마나 많은 결과를 얻었는가? 수만 건? 수백만 건?

웹 링크를 클릭할 때마다 우리는 검색엔진을 만드는 프로그래머들이 최상의 결과를 첫 번째 페이지에 표시하는 분석 기술과 알고리즘을 당연히 갖추고 있다고 여긴다. 그러나 한 가지 질문에 100만 건에 달하는 검색 결과를 얻고 나면 지나치게 많은 선택지에 딸린 약점을 알게 된다. 100번째 페이지는 고사하고 10번째 페이지나 50번째 페이지까지 확인할 사람이 있을까? 게다가 '과연 검색 알고리즘이 최선의 검색 결과를 우리에게 전달해줄까?'라는 의심의 그림자도 언제나 드리우기 마련이다.

BBC뉴스에서 루스 알렉산더(Ruth Alexander) 기자는 구글 검색창에 검색어를 입력할 때 자동 완성 기능을 적용해 인기 검색어를 검색하도록 유도함으로써 그 검색어의 인기를 더욱 높이는 방식을 집중 보도했다. 알렉산더는 구글에서 자기 이름을 검색했을 때 6,800만 건이 넘는 결과를 얻은 사례를 언급한다. 알렉산더는 "나는 책을 쓴 적도 없고, 영화에 출연한 적도 없으며, 유명한 사람도 아닙니다. 그런데도 웹에서 검색하니 엄청나게 많은 결과가 나왔습니다"라고 전했다. 이어서 그녀는 "검색어를 정교하게 다듬었고, 스스로 검색 달인이라고 여기더라도 그 숫자를 믿지 마세요"라고 말했다.

광고나 소셜 미디어 메시지가 골프공이라고 상상해보라. 골프공이 30초마다 하나씩 가볍게 당신 쪽으로 날아온다고 생각해보자. 당신은 쉽게 모든 공을 잡을 수 있을 것이다. 만약 골프공 1만 개가 한꺼번에 날아오면 어떨까? 아마 온몸이 경직되거나 아기처럼 몸을 움츠릴 것이다. 공을 외면하고 피하려고 할 것이다. 디지털 · 시각 · 광고 공해가 바로 이런 작용을 한다. 이런 공해는 우리를 억누르고, 집중을 방해하며, 우리 목소리를 희석한다. 나아가 집중력과 결정력을 크게 훼손한다.

이런 세상에서 당신은 메시지를 전달하고 관심을 얻으려고 노력하고 있다. 그런 사람은 당신뿐만이 아니다. 모두가 집중하지 못하는 세상에서 이제 당신은 눈에 보이지 않는다.

증발해버린 집중력

4

창문을 닦을 때든 걸작을 쓰려고 할 때든, 삶은 부주의함 때문에 무너진다.

나디아 불랑제(Nadia Boulanger)

지금 소개할 흔하디흔한 시나리오가 당신에게도 익숙한 상황인가? 당신은 지금 타 도시에서 근무하는 동료와 화상 채팅을 하려는 중이다. 하지만 휴대전화가 울리고 있고 컴퓨터 화면에는 페이스북 상태 알림이 깜빡이고 있다. 덕분에 '언제 내가 페이스북을 업데이트했더라?' 하는 생각을 하게 된다. 이내 당신은 온갖 생각에 빠진다. '남편(아내)에게 전화를 해야 하는데… 아이와 놀아줘야 해… 참 엄마에게 전화를 해야지… 지난달에 그 친구를 만나기로 했었는데… 그런데 자동이체될 아파트 관리비를 계좌에 넣어놨나?'

이런 각종 생각이 떠오를 때마다 당신은 눈앞에 있는 사람이나 하고 있는 일로부터 얼마간 주의를 빼앗긴다. 당신은 여전히 중요한 생각과 사람, 관심사에 주의를 기울이겠지만 집중을 방해하는 온갖 요소가 더해지면서 그런 대상에 대한 지각 수준이 큰 폭으로 떨어졌을 것이다.

이제 우리는 이메일, 문자, 메신저, 짤막한 전화 통화처럼 간략한 형태로 의사소통한다. 메신저나 왓츠앱 같은 마이크로메시징 수단이 계속 늘어남에 따라 거대한 문화적 변화가 발생했고, 우리는 예전 그 어느 때보다도 짧고 빈번하게 소통하게 됐다.

기술 전문가 린다 스톤(Linda Stone)은 1980년대와 1990년대에 걸쳐 신기술 분야에서 애플과 마이크로소프트 양사 모두에 근무했다. 1998년에 스톤은 '부분적 관심의 지속(continuous partial attention)'이라는 표현을 제시했다. 쏟아지는 정보량에 억눌리다 보니 주변 환경이나 밀려들어오는 모든 메시지 그 무엇에도 완전히 관여하지 못할 정도로 관심 자체가 점점 줄어드는, 새로운 인간 경험을 가리키는 말이다.

흥미로운 점은 스톤이 이 연구를 한 시기가, 지금 끊임없이 우리를 방해하는 소란스러운 소셜 미디어 세례가 시작되기 거의 10년 전이라는 사실이다. 만약 1990년대 중후반에도 이미 관심 끌기가 정말 어려웠다면, 오늘날 우리가 말을 건네려고 하는 상대방이 집중 가능한 시간은 과연 어떤 수준이겠는가?

방금 이메일을 확인했는데 특별한 사항은 아무것도 없었어요.

평소와 똑같이 스케줄, 프로젝트, 출장, 정보,

스팸메일이 가득 차 있었죠.

그러다가 내가 숨을 죽이고 있다는 사실을 알아차렸어요.

린다 스톤이 설명하는 '이메일 무호흡증(email apnea)' 현상.

이메일 무호흡증이란 이메일을 하는 동안에 일시적으로 호흡이 멈추거나 앝아지는 상태다.

누구나 정보량을 줄일 방법을 원한다. 그러나 쏟아지는 정보를 추리는 과정에서 우리는 보고 싶지 않은 쓰레기를 차단하기 위해 스팸 폴더, 디지털 영상 저장장치, 팝업 차단 프로그램, 위성 라디오, 구독 기반 뉴스 피드와 같은 기술에 또다시 기댄다. 결국 우리는 기술 상호 의존으로 돌아가는 회전목마를 만들고 있다. 좀 더 편안하고 효율적인 삶을 이룩하고자 기술을 개발하지만 그 기술에 억눌리고, 애초에 만들었던 그 기술을 차단하고자 새로운 기술을 개발한다.

친구나 가족이 기술에 정신이 팔려서 당신이 한 말을 못 듣는 경우가 얼마나 많은가? 이는 항상 일어나는 일이다. 사람들이 문자를 보내거나 인터넷을 둘러보거나 소셜 미디어 피드를 훑어볼 때 모바일 기기에 시선이 고정된다는 사실은 누구나 알고 있다. 그들은 이미 전자 기기 삼매경에 빠져 있다. 풍자 뉴스 웹사이트 〈어니언(Onion)〉은 2013년 크리스마스에 올린 기사에서 이 같은

휴대전화를
가장 많이 쓰는 나라

중국	인도	미국
963	**884**	**323**
9억 6,300만 대	8억 8,400만 대	3억 2,300만 대

전인구의
71%

전인구의
73%

전인구의
102%

출처: "Cell Phone Usage Worldwide, by Country", *Infoplease*.
© 2000–2017 Sandbox Networks, Inc.

미국인의 전자 기기 보유 비율

	50년 전	현재
휴대전화	0%	**85%**
인터넷 접속	0%	**78%**
데스크톱/ 노트북 컴퓨터	0%	**76%**
MP3 플레이어	0%	**47%**
게임기	0%	**42%**
태블릿/ 전자책 단말기	0%	**9%**

출처: "Three Technology Revolutions", Research Center(2014. 2. 검색)

전 세계 휴대전화 보급 현황

	휴대전화 사용 현황	전 인구 대비 비율
전 세계	59억 8,000만 대	87%
선진국	14억 6,000만 대	118%
개발도상국	45억 2,000만 대	79%
아시아 + 태평양	29억 대	
아프리카	4억 3,300만 대	
아랍 국가	3억 4,900만 대	
독립국가연합 (구소련)	3억 9,900만 대	
유럽	7억 4,100만 대	
아메리카대륙	9억 6,900만 대	

출처: International Telecommunications Union Key Information and Communication Technology Data, 2005-2017.

단절을 유쾌하면서도 심도 있게 조명했다. 기사 제목은 '다 함께 화면을 응시하려고 전국에서 친척들이 모인다(Relatives Gather from Across the Country to Stare into Screens Together)'였다.

이어서 〈어니언〉은 가상의 스물여덟 살 청년이 다음과 같이 말했다고 전했다. "누나와 함께 뜨거운 코코아를 마시면서 둘 다 각자 이메일을 확인하든, 일가 전체가 멋진 명절 식사 자리에 모여서 모두가 휴대전화 문자 메시지만 뚫어져라 쳐다보고 있든, 집에 와서 친척들에게 한마디도 하지 않으면서 귀중한 시간을 보내는 것은 무척 즐거운 일이죠. 알다시피 명절이잖아요."

이 '가상' 기사는 우리의 기술 집착을 가볍고 재미있게 다뤘다. 하지만 우리는 우리를 포함한 주변 사람들이 넋을 놓고 주변 세계에 주의를 기울이지 않은 채 전자 기기에만 정신이 팔려 있음을 확실히 알아차릴 수 있다. 이렇게 터무니없는 세상에서 계속 번창하기 위해 필요한 관심을 과연 어떻게 얻을 수 있을까?

현대인은 평소 정보를 습득할 때 작은 단위나 아주 작은 조각으로 받아들이는 방식에 이미 익숙해졌다. 이는 기술 세계가 주의 집중 시간이 점점 더 짧아지도록 부추기고 있다는 뜻이다. 이렇게 짤막한 정보가 쏟아지는 동시에 우리는 끊임없이 날아오는 메시지에 일정 수준 둔감해졌다. 정보가 너무너무 많기 때문이다.

그 결과 까다롭고 성가신 골칫거리가 생겼다. 우리는 자기도 모르게 정보를 밀어내는 데 익숙해졌다. 광고, 문자 메시지, 이메일을 비롯한 단문 형태의 의사소통을 의미하는 마이크로버스트 (microburst)에 의존하면서도, 동시에 잠재의식에서는 이를 반사적으로 밀어낸다. 수십 억 규모의 산업으로 성장한 스팸 필터 및 광고 차단 기술은 광고를 대하는 우리의 솔직한 감정을 드러낸다. 우리는 과도하게 쏟아지는 정보에 거부감을 느끼고 있다. 우리는 우리 내면에 자체적으로 광고 차단 기능을 개발함으로써 과다 정보 문제를 해결한다. 우리는 과다 정보로 인해 주의 산만에 시달릴 뿐만 아니라 둔감해졌다. 또한 자신이 원치 않은 메시지는 대부분 과대광고나 사기로 치부하고 무관심이나 혐오 같은 반응을 보인다. 아예 알아차리지 못하기도 한다.

이렇게 과부하에 대응하는 생존 기제의 이면에는 무엇이 있을까? 이제 우리는 너무 많은 정보를 거르다가 우리에게 유익할 수 있는 내용과 경험까지도 놓치기에 이르렀다.

**아인슈타인이 살아 있었다면 그는 내일 아침에 일어나서
받은메일함을 확인하고 슬랙(Slack, 팀 협업 소프트웨어 – 옮긴이)
알림을 받느라 두 시간을 보낼 것이다.
그리고 우리는 상대성 이론을 만나지 못했을 것이다.**

드루 휴스턴(Drew Houston), 드롭박스(Dropbox) 창업자 겸 CEO

우리 뇌는 유용한 정보를 담고 있는 마이크로버스트와 순전히 홍보성인 마이크로버스트를 구별하지 못할 때가 많다. 우리 머릿속은 억눌려 있고 정신은 혼미하다. 소셜 미디어와 모바일 기기가 널리 퍼지던 도중 어떤 시점에 우리는 귀를 기울여야 하는 개인의 목소리를 포함한 주변의 모든 짤막한 의사소통 형태에 더욱 반감을 느끼고 둔감해졌다.

점점 더 짧은 정보에 익숙해지면서 좀 더 복잡하고 많은 정보에 집중하기가 어려워졌다. 이게 우리의 현주소다. 사회적으로는 짤막한 데이터를 받아들이는 데 익숙해지도록 길들여졌지만, 동시에 잠재의식 속에서는 내면의 스팸 필터를 이용해 간략하거나 짤막한 데이터를 밀어낸다.

이런 딜레마의 영향으로 마케터들은 미칠 노릇이고 교육계는 참담해졌다. 이 역설은 사회에도 엄청난 파장을 미친다. 필터링 기제로 인해 사생활과 업무 가릴 것 없이 일상생활에서 서로의 말에 귀 기울이기가 점점 더 힘들어졌기 때문이다.

사회 구성원이 생각을 서로 주고받고, 세상이 제 기능을 다하려면 복잡다단한 정보가 필요하다. 이 사실을 고려할 때, 문제는 한층 더 심각해진다. 혁신하고 학습해서 우리 사회가 순탄하게 굴러가려면 의사와 간호사, 엔지니어, 과학자, 예술가, 기업 경영자들 모두가 복잡한 정보를 공유하고 받아들여야 한다.

또한 콘텐츠 과부하에 대한 자연스런 반발을 이해하기만 해도 친밀한 인간관계를 만들어갈 수 있다. 시간을 내서 전자 기기를 끄고 좀 더 깊게 교감하는 쪽을 선택할 수 있다.

디지털 세계에서 사는 것은 우리로 하여금 항상 어떤 과제를 끝마치지 못했거나 완전히 검토하지 못했다는 느낌이 들게 한다. 24시간 데이터에 접속할 수 있고 밤낮으로 매체 방송이 이어지는 세상에서는 언제나 해야 할 일이 남아 있으니까.

하지만 더 큰 비용은 따로 있다. 당신을 눈에 띄게 만들고 남들과 차별화할 수 있는 능력이 심각하게 감소했고, 이런 현상이 단시간에 발생했다는 점이다. 대중의 주의 산만 현상은 결국 개별 인간이 눈에 띄지 않게 되었음을 의미한다. 넓은 바다에 떨어지는 빗방울처럼 우리 목소리도 희석되고 있다.

5

매일 희석되는
자아의 절망

헤매고 나서야, 다시 말해서 세상을 잃고 나서야
비로소 우리는 자신을 찾기 시작한다.

헨리 데이비드 소로, 《월든》

2011년 1월 텔레비전 방송사 FX는 획기적인 드라마 〈라이트 아웃(Lights Out)〉의 첫 회를 방영했다. 홀트 맥칼라니(Holt McCallany)가 맡은 주인공 패트릭 '라이트' 리어리는 전직 헤비급 복싱 챔피언이지만, 머리를 너무 많이 맞은 탓에 복싱 치매를 앓고 있다. 이런 상황에서 리어리는 가족을 부양하고자 어쩔 수 없이 조직 폭력배를 돕는 일을 한다. 이 드라마는 대담하고 격렬했다. 또한 복싱 세계 챔피언의 일상생활을 다룬 최초의 미국 텔레비전 드라마였다. 이 드라마는 이색적인 소재를 섬세하고 복합적인 캐릭터로 표현했다.

수많은 신문, 연예 잡지, 웹사이트들이 이 드라마가 최근 몇 년간 나온 텔레비전 프로그램 중 최고라고 칭송했다. 〈할리우드 리포터(Hollywood Reporter)〉는 이 드라마를 극찬하는 기사를 실었다. 텔레비전 평론가 팀 굿먼(Tim Goodman)은 〈라이트 아웃〉을 가장 흥미진진한 텔레비전 드라마 중 한 편으로 꼽으면서, 성격파 배우로 오랫동안 활동해온 홀트 맥칼라니를, '대체 이 사람이 어디에서 나타났을까?', '스타 탄생', '출셋길을 열어준 배역' 같은 말로 칭찬했다. 굿먼은 "맥칼라니는 명연기를 펼치면서 드라마의 품격을 높였고, '라이트' 리어리라는 인물에 모든 사람의 기대를 뛰어넘는 형체와 실체를 부여했다. 그는 섬세함과 힘을 동시에 갖춘 놀라운 연기를 펼쳤다. 맥칼라니에게서 눈을 뗄 수 없고, 그 덕분에 〈라이트 아웃〉은 예기치 않게 사람을 끌어당긴다"라고 평했다.

열 명이 넘는 다른 평론가들도 〈라이트 아웃〉이 아주 훌륭하고 출연진도 뛰어나다고 평하고, 맥칼라니의 에너지 넘치는 연기를 칭찬하며 굿먼의 감상에 공감했다. 그러나 시청률은 들쑥날쑥했다. 그러다 보니 드라마를 극찬하는 기사와 카리스마 넘치는 주연 배우에 대한 찬사가 쏟아지면서 평단의 지지를 받았음에도 불구하고 이 드라마는 단 한 시즌 만에 막을 내렸다.

프로그램을 만들고자 애쓴 사람들에게는 안쓰러운 일이지만 평단의 칭찬을 받고도 첫 번째 시즌에서 실패하는 방송은 드물지 않다. 하지만 FX네트워크의 사장 존 랜드그래프(John Landgraf)만큼 솔직한 방송사 임원은 드물 것 같다. 랜드그래프는 시청자와 언론인 모두에게 지나치게 솔직한 것으로 유명하다. 그는 자신이 방영을 승인했고 개인적으로 아꼈던 드라마의 종영에 대해 다음과 같이 말했다.

- 아무리 프로그램이 훌륭하더라도, 관건은 사람들이 그 프로그램을 최우선으로 선택하는지 여부다. 그 프로그램은 충분히 훌륭한가. …… 나는 추적 데이터를 살펴봤다. 1월과 2월에 케이블 방송에서 첫 회를 방송한 신규 오리지널 드라마가 18편이다. 케이블 방송에서 후속 시즌 첫 회를 방송한 드라마가 18편 더 있고 지상파 방송사에서 시작한 신규 드라마와 후속 시즌 드라마가 16편이다. 즉 1월과 2월에 첫 회를 방송한 오리지널 드라마 시리즈가 총 52개라는 뜻이다. 〈라이트 아웃〉이 첫 회를 내보낸 그날 밤 방송 환경이 얼마나 경쟁적이었는지 생각해야 한다. …… 새롭고 색다른 방송으로 관심을 끌기가 지독하게 어려워졌다. …… 그저 시끄럽고 경악스러운 데 그치지 않고 경쟁 우위를 지니면서 색다른 프로그램을 만들려는 사람이 비집고 들어갈 틈을 찾기란 점점 더 힘겨워졌다.

〈라이트 아웃〉 첫 회가 방송된 날 시청률 1위를 기록한 프로그램은 MTV의 시끄럽고 경악스러운 리얼리티 쇼 〈틴 맘(Teen Mom)〉이었다.

주연 배우 맥칼라니는 당시를 떠올리면서, "힘겨운 순간이었습니다. 랜드그래프 씨가 우리 드라마를 좋아했다는 사실은 알아요. 그는 우리 드라마와 내 연기를 자주 칭찬하곤 했죠. 그렇지만 우리는 충분한 관심을 모으는 데 실패했습니다. 연기에 몸담은 지 20년 만에 얻은 첫 주연이었고 그래서 드라마가 잘 되도록 최선을 다했기 때문에 특히 힘들었습니다"라고 말했다. 그렇게 칭찬을 받고도 실패하는 일은 누구에게나 힘든 경험일 것이다.

존 랜드그래프의 연구 부서인 FX리서치에 따르면 2015년 방송 계획으로 추진된 드라마는 400편 이상이었고, 2017년에는 500편에 가까울 것으로 추정됐다. 이 수치는 계속해서 증가하고 있다(랜드그래프가 언급했던 신규 및 후속 시즌 오리지널 드라마 52편에는 리얼리티 쇼, 다큐멘터리 시리즈, 웹 에피소드, 팟캐스트를 비롯해 유튜브에서 언제라도 볼 수 있는 수많은 동영상이 포함되지 않는다는 사실도 염두에 둘 필요가 있다).

이렇게 참담한 실패를 겪었지만, 맥칼라니는 2018년에 넷플릭스(Netflix)에서 높은 시청률을 올린 동시에 비평가들 사이에서도 호평을 받았으며 데이비드 핀처(David Fincher) 감독이 연출한 〈마인드헌터(Mindhunter)〉에 주연으로 출연했다. 이 드라마는 거장 핀처 감독의 두 번째 텔레비전 드라마다. 수많은 유명 가수의 뮤직

비디오는 물론 〈세븐(Se7en)〉, 〈소셜 네트워크(The Social Network)〉 같은 영화를 연출한 핀처 감독은 25년 전 장편 영화 데뷔작이었던 〈에일리언 3(Alien 3)〉에서 맥칼라니에게 처음으로 비중 있는 배역을 맡기기도 했다.

〈라이트 아웃〉은 시리즈물로 이어지지 못했지만, 언론계의 호평과 대중지에서 맥칼라니에게 퍼부은 예찬 덕분에 핀처와 방송국은 맥칼라니가 주연으로 드라마를 이끌 수 있다는 확신을 가졌고, 그가 수익을 올릴 수 있는 배우라고 판단했다. 맥칼라니의 어마어마하고 특이한 연기를 극찬한 언론 세력이 이 중년 배우를 그저 그런 평범한 배우의 경력을 넘어서 최고 위치에 이르도록 이끄는 강력한 블록 역할을 했다. 현재 맥칼라니는 배우라면 누구나 꿈꾸는 역할들을 제안받는 중견 할리우드 배우로 평가받는다.

맥칼라니는 현재 자신의 삶에 대해 이렇게 말했다. "〈마인드 헌터〉가 성공을 거둬서 무척 감사하게 생각합니다. 다른 경험을 한다는 게 어떤지 알았죠. 유명한 복싱 트레이너 테디 애틀러스(Teddy Atlas)는 예전에 내게 '가장 중요한 것은 목적지에 도착하는 데 시간이 얼마나 걸리는지가 아니야. 가장 중요한 건 목적지에 도착했다는 사실이야'라고 했어요."

희석은 우리에게 불리하게 작용하지만 맥칼라니처럼 우리도 모두 굴하지 않고 성공할 수 있다.

엄청난 양의 소음은 개개인이 발하는 메시지의 힘을 희석한다.

사용하는 화학 물질의 효능에 정비례하여 반응의 위력이 커지는 화학 반응과 같다고 생각하면 된다. 화학 물질을 희석하면 사용한 물질들 사이에서 발생하는 반응의 강도도 약해진다. 희석은 우리 인간 경험에도 마찬가지로 작용한다. 인간 경험을 약화하고 줄인 다. 즉 희석은 우리 정체성의 힘을 떨어뜨린다.

어떤 일에 종사하든, 우리는 모두 끊임없는 방해 요소와 끊임없이 딴 데로 눈을 돌리는 시청자들에 맞서, 눈에 띌 자기 나름의 방법을 찾아야 한다. 물론 재능 있는 사람이나 멋진 아이디어, 좋은 제품이 두드러지기가 항상 그토록 어려웠던 것은 아니다. 하지만 대부분의 시청자가 맥칼라니를 놓쳤듯이, 소화할 수 있는 것보다 더 많은 콘텐츠에 억눌려 우리 시야는 마치 전등이 꺼진 듯 어두워졌고, 우리는 어둠 속에 갇혀서 눈에 띄려고 몸부림치고 있다.

유대 관계, 나아가 사랑을 구할 때조차도 기술은 우리를 한데 모으는 동시에 서로 밀어내게 한다. 선택지가 너무 많으면 유대 관계의 강도는 급격히 떨어진다. 2013년에 잡지 〈뉴요커(New Yorker)〉에 실린 온라인 데이트와 관련한 중대한 사회적 변화를 다룬 기사에서, 앤 프리드먼(Ann Friedman)은 데이트 상대 프로필 대다수를 묵살하기가 얼마나 쉬운지 지적한다. 데이트는 점점 더 식료품 쇼핑처럼 변하고 있다. 프리드먼은 위 기사에서, 잠재적

파트너에 대해 자세히 알아보려고 하지도 않고 스크롤만 계속 내리다가 결국에는 데이트가 냉담하고 무심하게 '제품'을 추려내는 과정으로 바뀌게 된 이유를 설명한다. 프리드먼은 온라인 데이트 사이트 검색자 관점에서 글을 써나간다.

- 무시. 무시. 뜻하지 않게 염소 수염을 선호한다는 인상을 주지 않도록 내 프로필을 두 번이나 확인했는데, 괴상한 수염을 기른 남자 사진이 너무 많이 눈에 띄네. 달갑지 않은 메시지를 받으면 마치 메시지를 보낸 남자를 쫓아버리기라도 하듯이 소리를 지르고 전화기를 소파 반대편으로 던지게 돼. 이 남자들이 내 주소를 정확히 알 수 없다는 건 알지만 궁지에 몰리고 억눌린 기분이야.

인간은 자판기 속 초콜릿이나 슈퍼마켓 진열대에 놓인 아침식사용 시리얼만큼이나 교체 가능한 존재가 되기 시작했다. 우리는 처음으로 눈길을 끄는 달콤한 스낵을 집어 들고 대체품들을 무시한다. 선택지가 너무 많으면 진지하게 관여하지 않는다. 인생 반려자를 찾는 일은 좀 더 진중하고 구체적인 활동이어야 한다. 하지만 개인을 탓하기보다는 시스템을 탓해야 할 일이다.

온라인 데이트 사이트에 올라오는 프로필 수는 엄청나게 많다. 당신이 프로필을 올린 사람이라면 당신 역시 희석되고 있다. 데이트 상대를 고르려고 검색하는 경우든, 누군가가 자기를 선택해주

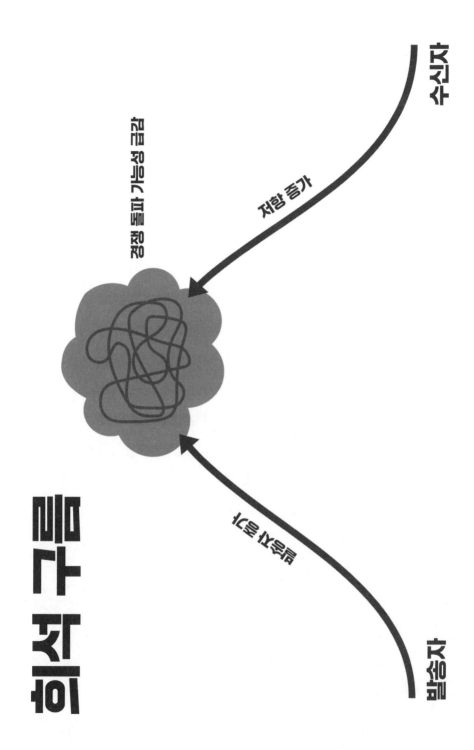

의사소통

발송자 → 수신자

말송자 표현 증가

저항 증가

경쟁 돌파 가능성 급감

기를 바라면서 프로필을 올리는 경우든, 이는 양자 모두에게 우울한 경험이다. 적어도 진지한 관계에 관한 한, 이를 찾기가 거의 불가능한 곳에서 유대 관계를 모색하고 있기 때문이다. 타인과 피상적으로 교류하기가 너무 쉬우면, 좀 더 깊은 관계를 맺을 수 있는 실제 세상에서 1대 1로 사람들과 마주할 때 게을러지게 된다.

프리드먼이나 결혼 적령기 미혼 남녀들처럼 누구나 가끔은 "내가 어떻게 마음에 드는 사람과 맺어질 수 있겠어? 난 대체 왜 이렇지?" 하는 기분을 느낀다. 우리는 이런 생각과 경험에서 비롯되는 불안을 우리가 사는 세상에 반영하고, 나중에 군중 속에 있을 때면 "나는 그저 스쳐 지나는 얼굴이나 선택지, 아니면 무시해야할 방해 요소인가?"라고 생각한다. 하루, 한 주, 한 달…… 끝없이 이어지는 할 일 목록에 관해서 우리가 검토해야 하는 수많은 선택 과정이 그런 시간을 더욱 길어지게 만든다. 희석은 곧 감정, 정신, 육체의 고갈로 이어진다.

모든 것이 넘쳐나는 반면 정작 나 자신은 묻히는 현재 상황에서 두드러지기란 대개 재능이나 행운, 기술보다 관심을 끄는 능력과 관련이 있다.

관심을 끄는
능력이 전부다

6

나는 보이지 않는 인간이다.
······ 나는 살과 뼈, 섬유질과 체액으로 이뤄진 실체를 지닌 인간이다.
심지어 어쩌면 마음도 있다고 할 수 있다.
내가 보이지 않는 이유는 오로지 사람들이 나를 보려고 하지 않기 때문이다.

랠프 엘리슨(Ralph Ellison), 《보이지 않는 인간(Invisible Man)》

평범한 배우, 무능한 상사, 음치 가수, 쓸모없는 정치인에 이르기까지 대체 왜 저 사람이 성공했는지 의아한 사람을 다들 한 명쯤은 알고 있을 것이다. 우리는 그들의 성공을 지켜보면서 미간을 찌푸린 채 "대체 어떻게?"라고 묻는다.

사람들은 대개 성공이란 결국 재능과 근면, 지능, 조직, 카리스마, 행운이 복합적으로 작용해서 결정된다고 생각한다(매력과 뛰어난 외모 역시 손해를 끼치지는 않는다). 우리는 이런 특성을 충분히 갖추고 집중해서 열심히 일하면 원하는 바를 이룰 수 있을 것이라고 믿는다. 하지만 사실 이런 요인은 생각보다 성공과 관련이 적다. 성공은 무리에서 두드러지는 능력과 더 큰 관련이 있다.

온갖 매체로 포화 상태인 사회에서는 주목받을 수 있는 자체가 일종의 능력이다. 아무리 재능이 넘친다고 해도 믿을 만한 방식으로 자기 의견을 전달할 수 없다면 실패할 것이다. 반면에 다소 재능이 모자라더라도 무리에서 두드러지고 관심을 끌 수 있는 사람이라면 성공할 가능성이 높다. 도처에 널린 수많은 리얼리티 쇼 출신 스타들이 이 사실을 매일 증명하고 있다.

25년 전에 구직 활동이 어땠는지 생각해보라. 그때는 신문 구인란을 살피거나 선택지를 추리려고 일종의 취업 지원 기관을 방문했다. 일자리를 구하기 위해서 접근할 수 있는 수단에는 분명히 한계가 있었다. 요즘에는 수많은 구직 웹사이트들을 통해서 수천, 수만 건의 선택지를 볼 수 있다. 이는 위안이 되기보다는 암담함을 선사한다. 실제로 구직자들은 이 수많은 선택지를 살펴보고 최선의 회사를 파악하려고 애쓰는 가운데 불안감 증가를 경험한다.

고용하는 기업 역시 같은 처지다. 일일이 다 읽어보거나 면접 통보 전화를 걸 수도 없을 만큼 많은 지원서가 몰리는 바람에 기업들은 어쩌면 '훌륭한' 인재를 놓치고 있을지도 모른다는 찝찝한 기분을 느낀다. 언뜻 기회가 넘치는 듯 보이는 상황이 실제로는 불안한 축복이다. 신문 구인 광고와 취업 지원 기관에만 의존하던 시절과 비교할 때, 구직은 훨씬 더 어려운 과정이 되었다. 경

채용 정보 사이트가 일자리를 찾기에 유용하다고 생각하는가?

그렇다

29%

그렇지 않다

71%

어떤 미국 기업의 취업 지원자 수

취업 지원자

1,000,000명

온라인 지원을 통한 신규 채용자

1% 미만

출처: Lou Adler, "This Single Job Hunting Statistic Will Blow Your Mind", LinkedIn(2016. 6. 28), www.linkedin.com/pulse/single-job-hunting-statistic-blow-your-mind-lou-adler(2019. 6. 12 기준)

쟁이 치열하니까.

CNBC가 실시한 비공식 온라인 설문 조사 결과를 보면 일반적으로 미국인이 구직 사이트를 어떻게 여기는지 알 수 있다. 사람들의 인식이 이미 꽤 나쁜 편이지만, 놀랍게도 실제 통계는 그보다도 훨씬 나쁘다.

대기업들이 발표한 최근 통계를 보면 극소수를 뽑는 구인 광고에 매년 수백만 명이 온라인으로 지원한다는 사실을 알 수 있다. 이는 실제로 취직할 가능성이 1퍼센트에도 훨씬 미치지 못한다는 뜻이다.

2000년대 말 미국 경제가 하락 국면으로 접어들면서, 그 이전에 여러 차례 일시적인 경기 침체가 나타났을 때처럼 수천만 명의 사람들이 일자리를 찾고자 온라인 구인 정보와 채용 정보 사이트에 기댔다. 이에 커리어빌더(CareerBuilder), 몬스터(Monster), 야후(Yahoo!), 핫잡스(HotJobs), 인디드(Indeed) 같은 구직 포털은 수십억 달러에 이르는 수익을 올리는 혜택을 누렸다. 그러나 당신 주변에 온라인 구인란을 통해 지원해서 취업은 고사하고 면접이라도 본 사람이 몇 명이나 있는가?

산더미처럼 쌓인 지원서들 속에 자기 이력서가 분실된 듯한 기분은 좌절이라는 말로 표현하기 어려울 것이고, 이미 생계를 꾸리기 빠듯한 상황이라면 정신이 멍할 것이다. 아무도 귀 기울여 듣고 있지 않은 듯한 막막한 웹사이트를 향해 희망을 외치다 보면 대개 불안과 우울, 무감각, 무력감, 무관심 등을 느끼고 정신 건강에 영향을 받기 마련이다. 게다가 실제로 온라인에서 일자리를 구할 기회가, 안 그래도 미심쩍은 가망성에도 미치지 못다는 사실이 특히 두렵다. '희석'이라는 가해자가 만들어낸, 정말 생각하기 우울한 현실이다. 자기 자신이 하찮은 존재라는 인식은 사는 내내 끊임없이 울리는 낮은 음 같다. 우리는 이를 의식적으로 듣지 못하더라도 느낄 수 있다.

발언권이 없다고 느낄 때 우리는 비참해진다. 이런 느낌은 현실도피와 중독, 정서 불안 등 다양한 증상으로 나타나서 우리에게 감정적으로 피해를 입힌다. 교도소 독방 수감이라는 극단적 사례를 살펴본 여러 연구가 타인과 접촉하지 못할 때 대단히 심각한 심리적 상처가 생긴다는 사실을 증명했다. 2012년에 미국심리학회(American Psychological Association)는 독방 수감이 초래한 극심한 심리적 효과에 대해 연대순으로 기록한 연구들을 평가해서 발표했다. 연구들은 장기적으로 타인과 접촉을 박탈하는 경우 불안, 공황, 불면증, 편집증, 공격성, 우울증과 같은 정신적 문제가 생긴다고 증명했다. 이런 증상들은 모두 현실 도피, 중독, 정신적 외상 같은 문제로 이어질 수 있다.

독방 수감은 고립의 극단적인 형태이며, 디지털 세계 역시 우리를 격리한다. 독방보다야 경미하겠지만 비슷한 영향을 미칠 것이다. 우리는 모두 다양한 고립 정도에 서로 다르게 반응한다. 하지만 디지털 유대 관계 증가에 따른 타인과의 접촉 감소가 부정적인 효과를 초래한다는 사실을 이해하기에 어려울 정도로 그 반응이 크게 차이 나지는 않는다. 2003년 크레이그 헤이니(Craig Haney)는 〈범죄와 비행(Crime & Delinquency)〉에 발표한 논문에서 "이는 아직 완전히 상식으로 자리 잡지는 않았지만, 수많은 경험적 연구가 뒷받침하는 상식이다. 우리가 하는 일과 우리 정체성은 상당 부분 사회적 맥락에서 비롯된다"라고 설명한다.

우리는 소외감을 느낄 때, 자신의 목표를 성취할 수 없다고 생각하곤 한다. 우리 의견을 전달하기 위해 할 수 있는 일이 아무것도 없다고 느낀다. 사실 두드러지는 능력은 재능이나 근면과는 거리가 멀다. 오히려 장기적인 인내심 및 자신감과 더 큰 관련이 있다. 희석 때문에 처참하게 낙담한 사람 중 상당수는 털고 일어나서 다시 시도하지 못할 것이며, 결국에는 더욱 큰 소외감을 느낄 것이다. 그리고 자기 목소리가 더욱 희석됐다고 느끼게 될 것이다.

두드러지는 사람들은 성공하는 반면에 눈에 띄지 않는 사람들은 아무리 굉장한 능력을 가졌더라도 실패한다. 우리는 모두 이 사실을 뼛속 깊이 알고 있지만, 그 점이 우리 내면에 미치는 영향은 좀처럼 생각하지 않는다. 스스로를 표현하는 능력은 자부심과 행복감에 아주 크게 기여하는 요인이다.

정보 과부하라는 장애물을 넘어 경쟁에서 두드러지려면 단순히 정보를 전달하는 방법만 알아서는 안 된다. 오히려 사람들이 선호하는 정보 습득 방식을 이해해야 한다. 대담하고 과감하게 단순화한 이미지나 반복 문구와 같은 아이콘은 사람들이 주변 세상을 습득할 때 가장 선호하는 방법이다.

성공한 아이코니스트가 되려면 적어도 보편적인 성공에 관한 한, 두드러지는 것이 재능만큼, 혹은 그 이상으로 중요하다는 사실을 이해하고 믿어야 한다. 역사를 되돌아보면 열심히 일했고 똑똑했지만 무명으로 가난하게 죽은 수많은 사람이 있다. 그들이 자기 재능을 보여줄 방법을 찾지 않았기 때문이다.

시끄러운 사람이 이기는 세상

7

대담하고 독특해지고 실속을 차리지 말라.
무사안일주의자, 진부한 작자들, 일상의 노예들에 맞서 목적과
창의적인 시각의 진정성을 역설하는 존재가 돼라.

세실 비튼(Cecil Beaton)

차엘 소넨(Chael Sonnen)은 태평양 연안 북서부에 사는 특이한 종
합격투기 선수다. 그는 희석의 반대 경우, 즉 두드러지면 어떤 일
이 일어날 수 있는지를 잘 보여준다.

소넨은 거의 10년 가까이 소규모 격투기 대회에 참가하면서
종합격투기 중위권에 머물렀다. 그러는 동안 종합격투기가 인기
를 얻으면서 주류 스포츠가 됐다. 2000년대 중반에 UFC(Ultimate
Fighting Championship)가 제일가는 종합격투기 주최 기업으로 떠
올랐고, 미국 전역에 종합격투기 체육관 수천 개가 우후죽순처럼

생겨나면서 종합격투기가 세계에서 가장 빨리 성장하는 스포츠 대열에 끼도록 촉매 역할을 수행했다.

오리건대학교 출신으로 건장한 미국 국가대표 레슬링 선수였던 소넨은 2000년 도쿄에서 열린 세계대학선수권대회에서 그레코로만형 은메달을 땄다. 이처럼 소넨은 대학 시절 레슬링 선수로 성공을 거뒀고 타고난 신체 조건도 좋았지만, 종합격투기 선수로서는 세계 최정상급 인재로 인정받지 못하는 듯했다. 아마도 종합격투기가 인기를 얻으면서 많은 선수들 사이에서 두각을 나타내기가 어려워졌기 때문이었을 것이다. 소넨은 거의 10년 가까운 시간을 지지부진한 선수로 초조하게 버텼다.

종합격투기는 레슬링, 무에타이, 복싱, 일본 전통 무술을 브라질식으로 변형한 주짓수에 이르기까지 온갖 무술 훈련법을 사용하며, 고도로 진화한 형태의 그래플링(grappling, 맞잡고 싸우는 격투 기술 - 옮긴이), 홀드(hold, 신체 부위를 조이는 격투 기술 - 옮긴이), 초크(choke, 목을 조르는 격투 기술 - 옮긴이), 상대방이 패배를 인정하는 '탭아웃(tap out)'을 얻어내는 기술인 서브미션(submission) 등으로 이뤄진다. 종합격투기의 인기가 최고조에 이르렀던 2010년에 소넨은, 많은 선수들이 선수 경력의 황혼기를 맞이하는 나이인 서른세 살이었다. 그러나 2010년에서 2012년 사이에 소넨은 새로운 모습을 보여줬고, 프로 스포츠 역사상 보기 드문 부활에 성공했다.

단 3년 만에 소넨은 UFC 세 경기에 서로 다른 두 체급으로 참가하면서 일류 격투기 선수 대열에 들어섰고, 세계적인 슈퍼스타로 거듭났다. 또한 텔레비전 유료 시청 경기에서 높은 수입을 벌어들이는 인기 선수 상위 다섯 명 중 한 명이 됐다. 놀랍게도 이당시 소넨은 대회 우승 경력 없이 이 정도로 성공을 거둔 유일한 종합격투기 선수였다.

이해했는가? 소넨은 오랫동안 선수 생활을 했지만 단 한 번도 우승한 적이 없었는데도 종합격투기 역사상 가장 인기 있는 선수 중 한 명이 됐다. 그렇다면 왜 그렇게 많은 사람이 소넨의 경기를 지켜봤을까?

그 해답은 단순히 소넨이 말하기 시작했다는 데 있다. 소넨은 성급하고 낭만적이면서 때로는 무지막지한 자신의 기질을 경기 홍보에 활용하기 시작했다. 이렇게 하자 아주 놀라운 일이 일어났다. 소넨의 경기는 이전에 단 한 번도 받아본 적 없는 주목을 받았다. 그의 영향력은 더 이상 희석되지 않았다. 소넨은 금빛 UFC 챔피언 벨트를 한 번도 따지 못했지만 서른다섯의 나이에 종합격투기 최고의 레슬러로 명성을 떨쳤다(나중에는 다른 이유로 악명을 떨치게 된다).

소넨은 옛날부터 재능 있는 선수였다. 그렇다면 그동안 어째서 그 재능을 인정받지 못했을까? 그런데 논란을 불러일으킨 인터뷰와 방송이 몇 차례 나간 다음부터 모든 것이 바뀌었다. 그는 브라질에서 가장 존경받고 사랑받는 종합격투기 선수 호제리우 노게이라(Rogério Nogueira)와 호드리구 노게이라(Rodrigo Nogueira)에 관해 내키는 대로 도전적으로 말했고, 그런 솔직함은 대중에게 원성을 샀다.

- 노게이라 형제가 처음 미국에 왔을 때 나는 라스베이거스에 있었습니다. 버스가 한 대 있었죠. 이 이야기는 실화입니다. 빨간 신호등에 멈춰 선 버스가 있었습니다. 형 노게이라가 버스를 쓰다듬는 동안 동생 노게이라가 버스에 당근을 먹이려고 하더군요. 그는 버스가 말이라고 생각했어요. 진짜로 일어난 일입니다. 노게이라가 버스에 당근을 먹이려고 한 이 나라에 컴퓨터가 있다고요? 그건 몰랐네요.

이 이야기가 널리 퍼지고 전 세계 종합격투기 팬들 사이에서 화젯거리가 됐을 때, 브라질에 소넨에게 우호적인 사람은 없었다. 소넨은 두드러졌고 사람들은 그에게 귀를 기울였다. 세계에서 가장 빠르게 성장하는 스포츠의 팬들이 소넨이 하는 모든 말에 관심을 기울였고, 그를 좋아하는 사람이나 싫어하는 사람 모두 다음 번에는 그의 입에서 어떤 말이 튀어나올지 궁금해했다. 소넨의 인터뷰와 기자 회견은 하나의 이벤트가 됐다. 소넨은 언제나 흥미진진한 얘깃거리를 갖고 있는 듯했다.

기억에 남는 소넨의 발언 중에는, 종교라는 금기 주제를 다룬 이야기도 있다.

- 사람들은 "오, 하느님께 감사하고 싶어요"라면서 신을 언급하고 싶어 하죠. 잘 들어보세요. 난 독실한 신자이고 어릴 때부터 주일마다 교회에 갔습니다. 하지만 만약 하느님이 토요일 밤에 열리는 합법과 불법을 오가는 주먹다짐(UFC 옥타곤에서 벌어지는 격투 경기를 의미)에 조금이라도 관심을 기울이신다는 사실을 알게 된다면, 나는 아마 크게 실망하게 될 것이고 내 신념 체계 전반을 다시 생각하게 될 것입니다.

비판에도 불구하고 소넨은 사람들이나 언론이 관심을 기울이는 곳이라면 어디에서든 도발적인 언사를 되풀이했다. 그는 텔레비전 방송에 가짜 UFC 챔피언 벨트를 가지고 출연해 자기가 UFC 챔피언이라고 주장했다. 물론 소넨은 이런 행동으로 미움을 샀다. 반면에 이런 허풍스러운 성격과 자칭 '오리건주 웨스트린에서 온 아메리칸 갱스터'라는 별명 때문에 종합격투기 팬들에게 많은 사랑을 받기도 했다.

소넨은 자기 캐릭터를 거의 일관되게 유지했다. 그는 역대 최고의 종합격투기 선수로 여겨지는 앤더슨 실바(Anderson Silva)를 가리켜 '형편없다'고 거리낌 없이 말했다. 이 말을 했던 당시 실바는 경기에서 진 적이 없고 마치 영화처럼 상대 선수를 이기곤 해서 종합격투기계에서는 그를 거의 종교처럼 떠받드는 분위기였다. 실바는 몇 년 동안 자기와 맞선 모든 선수를 때려눕혔고, 게다가 별다른 힘도 들이지 않는 듯 보였다.

언론은 소넨의 막말에 광적인 관심을 보였고, 소넨은 순식간에 가장 많이 언급되는 운동선수 중 한 명이 됐다. 종합격투기가 엄청난 인기를 누리고 있는 미국 밖의 국가들에서는 더욱 그랬다. 이런 언변과 관심 끌기 덕분에 차엘 소넨은 경기장 밖에서 텔레비전 진행과 경기 분석을 맡을 기회를 얻었다.

소넨은 자기가 저지른 도발을 수습할 기술과 경기력을 갖추고 있었으나, 전설적인 챔피언 실바와 마주한 첫 번째 경기에서 우연한 실수로 아쉽게 패했다. 소넨은 실바와 두 차례 대접전을 벌였고, 당시 기록적인 유료 시청 수입을 벌어들였다. 실바는 자신과 소넨이 벌인 역사적인 두 차례 경기를 소재로 장편 다큐멘터리를 직접 제작했다. 여기에서 실바는 소넨을 강적이자 최대 경쟁자라고 묘사했다. 힙합 아이콘이자 아티스트인 제이지(Jay Z)가 이 두 선수의 경쟁 관계를 다룬 단편 다큐멘터리 영화를 제작하기도 했다.

인기 스포츠 프로그램 진행자 짐 롬(Jim Rome)은 "차엘 소넨은 모든 스포츠를 통틀어 최고의 막말꾼"이라고 빈정댔고, UFC 대표 데이나 화이트(Dana White)는 "무하마드 알리(Muhammad Ali) 이후로 소넨처럼 말할 수 있는 선수를 본 적이 없다"라고 언급했다.

소년은 솔직하고 생각이 깊으면서도 무례한 발언을 거듭했고, 결국에는 《차엘 소넨의 일리 있는 목소리(Chael Sonnen's The Voice of Reason: A VIP Pass to Enlightenment)》라는 책을 쓰기로 계약까지 맺었다.

겉으로는 거만해 보이고 싶어 했던 소년이지만, 사실 진심으로 이렇게 도발적인 언사를 했을 가능성은 낮다. 소년은 오리건대학교에서 레슬링을 하면서 사회학 학사 학위를 땄고, 기자 회견에서 기자들이 소년에게 말이 헤프다고 비난할 때면 가끔 사회학을 전공했다는 사실을 언급하곤 했다. 실바와의 경기에 대비해 소년에게 주짓수를 가르쳤던 코치 스코트 맥쿼리(Scott McQuary) 말에 따르면, 소년이 어릴 때 좋아했던 영웅이 무하마드 알리와 미스터 티(Mr. T, 미국의 프로 레슬러 출신 배우 – 옮긴이)였다는데 이는 전혀 놀랄 일이 아니다.

'떠벌림'이란 말만 하고 실행하지 못할 때 쓰는 말이다.
나는 내가 한 말은 실행에 옮긴다.

무하마드 알리

소년이 날로 유명해지면서 유튜브 사용자들은 소년의 대담한 발언과 흥미로운 태도를 집중 조명하는 동영상을 만들었다. 어떤 일이 일어났는지 금방 알 수 있었다. 소년은 연이은 타이틀전 두 경기에 대해 흥미진진하게 이야기했고, 이로써 같은 종목에 출전하는 다른 수많은 선수들보다 더 많은 돈을 벌었다.

소년과 친한 친구이자 전 종합격투기 세계 챔피언 댄 헨더슨(Dan Henderson)은 한 인터뷰에서 "경기에 이기려고 훈련하는 대신 막말 학교에 다녀야 할까 봐요"라고 말했다. 종합격투기 선수로 챔피언을 다퉜던 필 데이비스(Phil Davis)와 셰인 카윈(Shane Carwin) 역시 나서서 자기들도 그 학교에 다니겠다고 말하면서 공감했다.

랜스 암스트롱(Lance Armstrong)이 오프라 윈프리(Oprah Winfrey) 쇼에서 경기력 향상 약물을 복용했다고 인정하기 몇 년 전에, 소년은 사이클계의 우상이었던 암스트롱을 위선자라고 비난했다.

- 랜스 암스트롱을 예로 들어보죠. 암스트롱은 온갖 짓을 하다가 제풀에 암에 걸렸어요. 그는 부정행위를 했고, 약물을 했고, 제풀에 암에 걸렸죠. 암스트롱은 "잘 들어요. 나는 부정행위를 하고 제풀에 암에 걸렸습니다. 나처럼 되지 마세요"라고 말하는 대신, 그냥 "봐요, 내가 한 짓을 말할게요. 내가 나 자신을 망쳤어요. 사람들이 내 실수에서 배우길 바랍니다"라고 실토하는 대신, 방송에 나가서 "이런, 나 정말 불쌍하죠. 함께 암 치료법을 찾읍시다"라고 말하는 캠페인으로 1,500만 달러쯤 이익을 얻었죠.

당시 소년은 미국의 영웅을 공격해 비난을 받는 동시에 엄청난 관심을 받았다. 특히 암스트롱이 세운 리브스트롱재단(Live-strong Foundation)에 용기를 얻어 암을 극복한 사람들의 분노를 샀다. 그러나 암스트롱에 대한 소년의 발언은 나중에 소년이 자기 죄를 인정하는 전조가 되기도 했다. 2014년에 소년 역시 세 차례에 걸쳐 경기력 향상 약물 양성 판정을 받아서 2년간 경기 출전 정지 처분을 받고, 세간의 이목을 끌던 폭스스포츠 종합격투기 분석 전문가 자리에서도 해고당했다.

이다음에 소년은 무엇을 했을까? 그는 사람들의 시야에서 사라지는 대신 애초에 자신을 유명 인사로 만들어준 전술로 돌아갔다. 그는 솔직하게 소리 높여 말하기 시작했고, 자기가 저지른 규칙 위반에 관해 진실을 털어놓았다.

소년은 기자들에게 약물 사용 사실을 언급하면서, "설사 내가 망신을 당한 일이라고 하더라도 화제를 피하지 않을 겁니다"라고 말했다. 소년의 실책은 그의 망언과 마찬가지로 계속해서 세간의 주목을 끄는 역할을 했다. 소년의 위신은 추락했지만, 그 추락은 오래가지 않았다. 폭스스포츠로부터 해고당한 지 얼마 지나지 않아 소년은 경쟁 방송국인 ESPN에 해설자로 합류했다. 이는 약물 파문이 일어나기 전에 소년이 차지하고 있던 자리만큼이나 세간의 이목을 끌고 높은 수입을 올리는 자리였다. 놀랍게도 소년은, UFC가 오랫동안 탐냈던 ESPN과 계약을 마침내 체결하고 폭스

스포츠를 떠나려는 움직임을 보이기 몇 년 전에 ESPN에 고용됐다. 이렇게 자리를 옮긴 덕분에 소넨은 종합격투기 해설자 겸 분석가로서 경력의 정점을 찍게 됐다.

소넨을 고용한 사실을 발표한 뒤 한 ESPN 중역은, "우리는 소넨이 과거에 실수를 저질렀다는 점을 알고 있습니다. 그는 정직했습니다. 그 일을 솔직하게 털어놓았죠. 그는 자기가 저지른 실수의 대가를 치렀고 앞으로 나아가고 있습니다. …… 종합격투기에 관한 소넨의 시각과 통찰력은 우리 팬들에게 훨씬 더 큰 즐거움을 선사할 것입니다"라고 지적했다.

내가 말하려는 핵심은 앞에 나서서 사람들이 불쾌하게 여길 만한 말을 하라는 것이 아니다. 핵심은 바로 어떤 대상이 관심을 불러일으킬 때, 사람들은 그 대상을 연구하고, 더 오래 응시하고, 더 자세히 뜯어볼 것이라는 점이다. 또한 사람들은 그 대상에 관해 이야기할 것이다. 소넨이 결함이 있음에도 불구하고 반복적인 도발로 관심을 받았듯이, 당신 역시 뭔가 특별한 것을 제공할 수 있다면 의사 결정자들은 이를 알아차리고 당신에게 더 많은 기회를 줄 것이다. 차엘 소넨은 자기 문제를 직면했고, 잘못을 인정했고, 지금은 그 어느 때보다도 많은 인기를 누리고 있다. 그는 격투기에서 공식적인 세계 타이틀을 한 번도 딴 적이 없지만 다른 방식으로 지속적인 성공을 이뤄냈다. 소넨은 내가 살고 있는 포틀랜드에 산다. 나는 그를 격투기 분석가로서, 또 아버지, 남편, 아들, 기부자로서 주시해왔다. 그는 슈퍼스타지만, 지금 그를 있게 한 레슬링계에 보답하겠다는 사명을 다하고자 꾸준하게 아낌없이 베푸는 것으로 유명하다. 비록 타이틀 벨트를 따지는 못했을지라도, 인생에서 소넨은 세계 챔피언이다.

개인적으로 소넨을 좋아하지 않거나 그의 발언에 기분이 상한 적이 있는 사람이라도 메시지의 출처인 소넨을 찬찬히 들여다보면, 그가 대중이 생각하는 것보다 훨씬 더 훌륭한 선수라는 사실을 발견하게 된다. 소넨은 희석되어 목소리를 낼 수 없는 상태에서 벗어나 무리에서 두드러지고 주목을 받으며 성공하기 위해, 어떻게 아이코니스트의 사고방식을 활용할 수 있는지 보여주는 훌륭한 사례다.

선택 지옥과 결정 피로

8

기술 진보는 그저 퇴보하기에 좀 더 효율적인 수단을 제공했을 뿐이다.

올더스 헉슬리, 《목적과 수단(*Ends and Means*)》

표면상으로 우리는 선택권을 바람직하다고 생각하는 경향이 있다. 그러나 정보 과다가 개개인의 목소리 희석으로 이어지듯이, 선택지가 넘치다 보면 그 선택지를 제공하는 사람들이 눈에 띄기 어렵고, 결정하려는 사람들은 선택을 하기 어려운 시점이 찾아온다. 너무 많은 선택지에 직면하면 우리는 마치 사고가 마비된 듯 느끼기 시작한다.

저명한 심리학자이자 사회 이론 교수이며 2004년에 선풍적인 인기를 얻었던 책《점심메뉴 고르기도 어려운 사람들(*The Paradox*

일반적인 미국 슈퍼마켓에서 판매하는 품목 수

1975년
8,948

현재
47,211

출처: *Consumer Reports*(2014. 3)

---

of Choice)》의 저자 배리 슈워츠(Barry Schwartz)는, 슈퍼마켓에서 장을 보거나 병원에 가는 일처럼 단순한 일상에서 종종 맞이하게 되는 엄청나고 주눅이 들 정도로 많은 선택지에 대해 이야기한다.

마지막으로 슈퍼마켓에 갔던 때를 떠올려보라. 2000년대 들어 일반적인 미국 슈퍼마켓은 거의 5만 가지 품목을 진열하고 있다. 사려고 하는 거의 모든 제품마다 다양한 선택지가 있다. 이는 우리가 무엇을 원하는지 파악하는 데 시간과 에너지, 감정을 더 많이 소비해야 한다는 뜻이다.

슈퍼마켓에서 생각하느라 보내는 몇 분을 대수롭지 않게 여길 수도 있다. 그러나 그렇게 의사 결정에 소비하는 시간은 쌓인다. 선택하기 전에 심사숙고하느라 보내는 시간은 업무나 창조적인 시도, 대인 관계 등에 집중할 수 있는 시간에서 빼앗은 것이며, 개인으로서 우리의 중요한 유대 관계를 더욱 희석한다. 이렇게 선택을 할 때마다 우리는 표면에 집중할 수밖에 없다. 앞에서 언급했던 자동판매기 같은 온라인 데이트 사이트처럼, 우리에게는 선별해야 할 것이 너무 많고, 단순히 피상적으로 살피는 데 그치지 않고 깊이 들여다보기란 어려운 일이다.

지난 수년간 선택에 관한 흥미진진하면서도 골치 아픈 연구 결과들이 나왔다. 그중에서도 상품이 넘치는 슈퍼마켓에서 잼을 고르는 일을 중심으로 구성한 한 의사 결정 연구는 곧잘 화제에 오르고 자주 인용된다. 슈워츠는 《점심메뉴 고르기도 어려운 사람들》에서 잼 선택에 관한 이 유명한 연구를 소개한다. 컬럼비아대학교의 쉬나 아이엔가(Sheena Iyengar)와 스탠퍼드대학교의 마크 레퍼(Mark Lepper)는 학술 논문들을 비롯해 《나는 후회하는 삶을 그만두기로 했다(The Art of Choosing)》, 《얼마나 많아야 지나치게 많은 선택지인가?(How Much Choice Is Too Much?)》, 《선택과 그 결과(Choice and Its Consequences)》, 《선택이 의욕을 꺾을 때(When

Choice Is Demotivating)》와 같은 책을 발표한 선택 분야 전문가로, 흥미로운 실험을 실시했다. 아이엔가와 레퍼는 슈퍼마켓에 손님들이 다양한 잼을 맛볼 수 있는 시식대를 설치했다. 시식자들에게는 24종류 혹은 6종류의 잼을 내놓았다. 실험 결과 시식용 잼의 종류가 더 적은 경우에 실제로 잼을 구매할 가능성이 열 배 더 높았다.

시식용 잼이 24종류일 때 시식하는 사람의 수가 더 많았지만, 실제로 구매할 시간이 왔을 때 잼 시식자들은 마음을 정하지 못하고 결국 구매하지 않기로 했다. 선택지가 너무 많은 상황에서 시식자들은 관심을 집중하지 못했다. 선택지가 훨씬 적은 경우에 사람들은 자기 선택에 확신하고 안심하므로 잼을 사는 비율이 더 높았다. 이 분명하고 확실한 실험을 통해 아이엔가와 레퍼는 선택지를 적게 제공할 때 더 많은 상호작용과 결심을 이끌어낼 수 있다는 사실을 명확하게 증명했다. 선택지를 줄일수록 참여를 이끌어내기 쉽고, 더 많은 수요를 창출한다. 사람들은 자기가 더 많은 선택지를 원한다고 생각할 수도 있지만 현실에서는 선택지가 적을 때 오히려 긍정적으로 반응한다. 적을수록 처리하기 쉽다.

말콤 글래드웰(Malcolm Gladwell)은 저서 《블링크(*Blink*)》('우리에게 도움이 되는 중요한 아이디어를 담은 책'이라는 완전히 새로운 카테고리를 만든 책)에서 아이엔가와 레퍼의 잼 연구를 간략하게 논의하면서 이렇

적을수록
좋다

시식용 잼의 종류	시식한 고객 수	구매한 고객 수
24		
6		

게 설명한다. "시식용 잼이 6종인 시식대에 들렀던 손님 중 30퍼센트가 잼을 산 반면, 잼 종류가 더 많았던 시식대에 들렀던 손님 중에서는 단 3퍼센트만 잼을 샀다. 왜 그럴까? 잼 구매가 순간적인 결정이기 때문이다. 사람들은 본능적으로 '난 저걸 사고 싶어'라고 자신에게 속삭인다. 그러나 선택지가 너무 많으면, 즉 무의

식이 편안하게 느끼는 정도보다 훨씬 더 많은 선택지를 고려해야
하면 판단이 마비된다." 심지어 잼 종류를 고르는 그리 대단치 않
은 결정일 때도 그렇다.

적은 선택지는 긍정적인 정서와 즉각적인 유대 관계를 형성한다.
쉽게 결정할 수 있는 기회는 더 많은 참여와 행동을 낳는다. 아이
엔가와 레퍼의 실험 결과는 유일한 사례가 아니다. 다양한 제품을
대상으로 한 연구에서 제공하는 품목 수를 줄이면 판매량이 증가
하는 비슷한 결과를 얻었다.

　2010년 〈뉴욕타임스(New York Times)〉에 실린 한 기사에서 알
리나 투겐드(Alina Tugend)는 유명한 잼 연구를 비롯해 퇴직연금과
의료보험에 초점을 맞춘 여러 연구를 통해 선택과 정보 과부하를
논의한다. 투겐드는 자신이 인터넷 서비스 공급자를 구하는 기본
적인 일을 하면서 겪은 힘겨웠던 경험을 꺼내면서, 우리가 선택할
때 얼마나 강매당하는 기분을 느끼는지 짚는다. "기업들은 내게
서비스를 제공하는 것보다 내 돈을 가져가려는 데 혈안이 돼 있
고 나는 호구가 되고 싶지 않았다." 지나치게 많은 선택지를 내놓
으면 상대방이 나를 이해한다기보다는 억누르고 조종하려고 한
다는 느낌을 받는다.

　미국 소비자동맹은 민영 보험에서 노인 의료보험 제도에 이르
기까지 소비자에게 제시하는 다양한 의료보험 선택지를 집중적

으로 연구했다. 소비자동맹은 선택지를 적게 제시했을 때, 직원들의 관심도가 증가할 뿐만 아니라 의료보험과 퇴직연금 프로그램을 신청하는 비율 역시 훨씬 높아진다는 사실을 증명했다.

소비자의 선택지(좋은 선택지 포함)를 줄이면 가입자 수가 증가한다. 선택지 축소는 고객 수를 늘리는 방법일 뿐만 아니라, 의료보험 가입률 증가 사례에서 볼 수 있듯이 여러모로 사회를 개선하는 수단으로도 활용할 수 있다.

단일한 의료보험을 제공해서 더 많은 사람이 혜택을 받는다면, 이는 궁극적으로 생사를 가르는 차이가 될 수 있다. 잼 고르기에서 보험 가입에 이르기까지 우리는 선택지가 너무 많지 않고 단순할 때, 더 많이 관여하고 선택을 미루지 않는 경향을 나타낸다. 이는 경제학원론에서 배우는 단순한 수요-공급 곡선을 그대로 반영한다. 공급량이 적으면 더 큰 가치를 지니게 되고, 너무 많으면 그 가치가 떨어진다.

직관에 어긋나는 듯 보이지만, 사람들은 무한한 선택지를 원하지 않는다. '전부 다 너무 많을' 때, 선택 과정 자체가 고통스러운 일로 바뀌기 때문이다.

그렇다면 선택 과정이 사고 마비를 일으킬 수 있는 이유는 무엇일까? 지그문트 프로이트(Sigmund Freud)는 자아 고갈(ego depletion)이라는 가설을 제시했다. 이는 인간의 자아가 에너지 전달을 수반하는 정신 활동과 선천적으로 연관을 맺고 있다는 주장이다. 사회심리학자 로이 바우마이스터(Roy F. Baumeister)는 실험을 통해, 자제력을 발휘하는 데 필요한 정신 에너지가 유한 자원이라는 프로이트 이론을 입증했다. 이후 바우마이스터 밑에서 박사 학위를 취득한 진 트웬지(Jean Twenge)는 자신의 결혼식을 준비하면서 기진맥진했던 직접 경험을 바탕으로 결정 피로(decision fatigue)에 초점을 맞춘 연구를 수행했다. 어떤 특정한 날에 이미 많은 결정을 내린 사람은, 그날 그렇게 많은 선택을 하지 않은 사람과 비교했을 때, 의지력과 자제력이 한층 떨어졌다. 너무 많은 선택과 의사 결정에 지친 실험 집단은 행동 단계의 루비콘 모형(Rubicon model of action phases, 카이사르가 루비콘강을 건너기로 한 과정처럼 사람이 중요한 행동을 결정할 때에는 검토, 계획, 행동, 평가의 네 단계를 거친다는 것 - 옮긴이)이라는 심리학 개념을 따라 움직이다가 나약함과 무관심을 드러내기에 이른다.

이보다 더 중요한 사실은 슈워츠의 주장처럼 과도한 메시징이나 과도한 선택지에서 비롯되는 과도한 선택이 인간 심리에 심각한 영향을 미칠 수 있다는 점이다.

슈워츠는 선택 과부하가 다음의 사태를 초래한다고 말한다.

1. 올바른 선택을 해야 한다는 **불안**과 **스트레스**
2. 잘못된 선택을 하고 싶지 않은 마음에 아예 선택을 하지 않는 **마비**

3. 다른 선택이나 더 나은 선택을 할 수 있었을지도 모른다는 생각에서 비롯된 **불만족**

4. 형편없는 선택을 했다는 **자책**

슈워츠는 테드(TED) 강의에서, 선택 과부하가 산업 세계에서 치료가 필요한 정도의 우울증 발생률과 자살률이 급증하는 원인 중 하나라고 과감하게 말한다. 슈워츠는, 결정을 내리고 나면 "사람들의 기준이 너무 높기 때문에 실망스러운 경험을 하게 되고, 그러고 나서 그 경험을 자기 자신에게 설명해야 할 때 자기 책임이라고 생각"한다고 설명한다. 과연 자신이 제대로 선택했는지 아니면 더 나은 선택을 할 수 있었는지 확신할 수 없는 나머지 결국에는 자신이 한 선택에 불만을 품는 것이 바로 너무 많은 선택지에 따라오는 '기회비용'인 셈이다.

예를 들어, 슈퍼마켓에서 아침식사용 시리얼 진열대를 따라 걷고 있다고 생각해보자. 그곳을 걷다 보면 지금 우리가 구매할 수 있는 아침식사용 시리얼과 대용품이 깜짝 놀랄 만큼 다양하다는 사실을 알게 된다. 이런 와중에 자신이 원하는 상품을 선택하는 것은 좌절감과 불안감을 유발하는 과정일 수 있다.

마찬가지로 희석이 유발하는 감정과 심리적 피해도 거의 똑같이 치명적인 결과를 초래할 수 있다. '과연 언젠가는 누군가가 나를 알아봐주거나 내게 귀 기울여줄까'라는 불안, '지금껏 그 누구도 나를 봐주거나 내게 귀 기울여준 적 없다'는 스트레스, '영원히 그 누구도 나를 봐주거나 내게 귀 기울여주지 않을 텐데 왜 굳이 노력해?'라는 감정이 유발하는 마비는, 모두 '희석'됐다는 느낌에서 비롯되는 실제 경험이다. 여태 누군가가 알아봐주지도 귀 기울여주지도 않아서 우울하다고 느끼고, 결국에는 우리가 남들 눈에 보이지 않는다고 느끼거나 우리 메시지를 알리고, 인정받고, 자아실현을 할 수 없을 것이라는 이유로 삶에 불만을 품는다.

이런 감정을 느끼면 경제적으로 어떤 계층에 속한 사람이라도 위험한 행동을 할 수 있다. 미래에 아무런 희망이나 확신을 품지 못할 때, 우리는 미래에 관해 아랑곳하지 않는 듯한 행동을 하곤 하기 때문이다. 따라서 많은 사람에게 희석이란 고통을 의미한다.

선택 과잉은 희석 효과와 직결된다. 또한 개인으로서 당신의 존재감을 희미하게 하고 당신이 세상에 미치는 영향력을 줄인다. 밀려드는 신제품과 서비스가 정보 과부하와 결합해서 당신과 당신의 제품을 묻어버린다.

기술은 우리에게 노출되는 광고량뿐만 아니라 우리에게 닥치는 모든 선택의 양 그 자체까지 증가시켰다. 텔레비전 앞에 앉아서 볼 프로그램을 고르려고 할 때 우리 앞에 펼쳐지는 정신이 몽롱해질 정도의 선택지 양을 생각해보라. 무슨 프로그램을 볼지는 차치하고, 먼저 훌루(Hulu), 넷플릭스, 다이렉TV(DirecTV), 슬링TV(Sling TV), 아마존(Amazon), 로쿠(Roku), 플레이스테이션

(PlayStation) 등 어떤 서비스에 접속해야 할지부터 결정해야 한다. 슈퍼마켓에서 장을 보든 인터넷 검색을 하든, 우리는 엄청나게 많은 선택지와 마주한다. 개인이 소화하기에는 너무 많은 양이다. 이처럼 과도한 선택지 때문에 당신의 목소리, 예술, 사업, 나아가 삶까지도 더욱 하찮고 눈에 띄지 않게 되고 있다.

아이코니스트라면 여기에서 커다란 교훈을 얻을 것이다. 지금 당신은 엄청나게 많은 다른 콘텐츠나 제품, 사람들과 맞서서 관심을 얻고자 경쟁하고 있다. 그 해결책은 바로 블록이다. 블록은 우리가 잘 보이도록 빛을 비춰준다. 당신의 작업을 블록을 이용해서 알아보기 쉽고, 복잡하지 않으며, 명확한 선택지로 제시함으로써 관중의 결정 피로를 완화하는 데 도움을 줄 수 있다. 블록은 상쾌한 공기 같은 존재가 되어줄 것이다.

The ICONIST

2부

당신의 모든 메시지를 블록으로 만들라

장난감 블록의 힘

9

아이들이 놀면서 알파벳을 배우도록 글자를 새긴 주사위와 장난감이 있다.

존 로크, 《교육론(*Some Thoughts Concerning Education*)》

행복한 어린 시절을 보냈든 불행한 어린 시절을 보냈든, 사람들
은 대부분 그 당시의 자기 삶이 비교적 단순했다는 사실에 동의
할 것이다. 나이가 들면서 인생은 점점 더 복잡해지는 듯하다. 세
금, 일자리, 여자친구, 남자친구, 아내, 남편, 직장 상사, 자동차 할
부금, 대출, 마감일, 집 수리, 자동차 수리, 보험, 신용카드, 당좌 예
금, 업무용 컴퓨터, 가정용 컴퓨터, 소셜 네트워크 등 끝이 없다.

　어릴 때는 처리해야 할 일이 그렇게 많지 않았다. 어린 시절 우
리는 거대한 물체가 우리 앞을 가로지를 때면 금세 매료되곤 했

다. 나는 개인 생활과 업무 경험을 통해서, 사회가 사람들에게 복잡한 임무를 던지는 순간에 성인 역시 어린이와 같은 방식으로 반응하는 경향을 몇 번이고 확인했다. 흥미롭게도 우리는 성인이 된 이후에도 대개는 잠재의식에서 여전히 단순한 물체와 상황에 끌린다(유명한 잼 연구를 돌이켜 생각해보라). 이런 경향은 커다란 물체에도 적용되며, 그 어떤 육중한 물건에도 해당된다. 그랜드캐니언처럼 눈길을 휘어잡는 풍광이든, 거대한 건설 중장비든, 사람들은 주변 환경과 비교해서 엄청나게 큰 존재에 시선을 집중한다.

어린이의 관심을 사로잡는 바로 그 원칙을 이해하고 활용함으로써 우리는 모든 연령층의 어떤 사람에게든 정보를 전달하는 방식을 개선할 수 있다.

위대한 계몽주의 사상가 존 로크는 인간이 백지상태(tabula rasa)로 태어나며, 어린이가 장차 어떤 사람으로 자랄지는 순전히 환경에 좌우된다고 말했다. 인간이 백지상태로 태어난다는 주장에 동의하든 그렇지 않든 간에 학습에 관한 로크의 생각은 지금 우리에게 매우 중요하다.

유아들을 위한 새로운 장난감, 인형, 모형 자동차, 봉제 동물 인형은 대개 잠깐 유행하다가 사라진다. 그 와중에 300년 넘게 계속해서, 사실상 거의 변함없이 인기를 누리고 있는 학습용 장난감이 바로 알파벳 블록이다. 이 블록은 17세기 영국에서 처음으로 개발됐다. 인간 발달에 대해 집중적으로 연구하던 로크는 알파벳 블록에 감명을 받았다. 로크는 이런 알파벳 장난감 블록이 문자에 관한 흥미를 심어주는 가장 즐거운 방법이라고 단언하면서 '주사위와 장난감'을 가리켜 일찍 글자를 깨치는 돌파구라고 말했다. 로크는 어린이들이 장난감 블록을 접할 때 '그 행위를 놀이로 인식'하면서 글을 배울 수 있다고 주장했다.

텔레비전 프로그램이든 그림책이든, 어린이는 숫자나 문자를 강렬하고 한눈에 들어오도록 표현한, 크고 대담하고 자주 반복되는 이미지를 보면서 배운다. 〈세서미 스트리트(Sesame Street)〉 같은 어린이 프로그램에서 이런 방식을 많이 사용한다. 보랏빛 카운트 백작(Count von Count, 〈세서미 스트리트〉에 나오는 캐릭터로, 숫자 세기를 좋아한다 - 옮긴이)이 등장해 놀리듯이 말하며 숫자를 세기 시작하면 화면을 꽉 채우는 큰 숫자들이 함께 등장하며, 몇 번씩 반복하느라 열까지 세는 데 1분 넘게 걸리기도 한다. 초등학교 수학책에서는 분수를 설명하기 위해 거대한 진짜 파이(블록)처럼 실질적이고 분명한 예를 사용한다.

거의 모든 동화책과 초등학생용 학습지는 이런 식으로 디자인된다. 그리고 우리는 평생에 걸쳐 이런 기법을 활용해서 학습할 수 있다(아마도 우리가 어린 시절과 〈세서미 스트리트〉 같은 프로그램에 느끼는 향수는, 이렇게 단순하고 분명한 방법으로 학습할 때 체험하는 원시적 안락에서 기인할 것이다. 우리는 적어도 한 가지는 즉시 분명하게 이해할 수 있을 때 깊이 안도하며, 빠르고 쉽게 파악할 수 있는 대상을 접했을 때에도 바로 이렇게 안도한다).

환경은 인간 발달에 명백한 영향을 미치며, 거대하고 단순한 형태는 발달 과정에 있는 영유아의 뇌에 깊은 인상을 남긴다. 헤이그 큐융지안(Haig Kouyoumdjian)이 〈사이콜로지투데이(*Psychology Today*)〉에서 설명했듯이, 인간의 뇌에서 이미지 처리를 담당하는 영역은 언어나 단어 처리를 담당하는 영역보다 몇 배나 더 크다. 따라서 복잡다단한 의사소통 세계에서, 커다란 물체는 무엇인가를 배우거나 이해하려고 애쓰는 성인에게 한층 더 깊은 영향을 미칠 수 있다. 〈실험교육저널(*Journal of Experimental Education*)〉에 실린 한 연구에서는 두 집단의 학생들을 대상으로 지리 및 과학 관련 교재를 시각 자료를 첨부하거나 첨부하지 않은 채 보여줬다. 두 집단 모두에서 시각 자료를 첨부한 교재로 공부한 학생들이 기억력과 지식 습득 면에서 일관성 있게 더 높은 성취도를 나타냈다. 요컨대, 이미지를 활용하면 더 많이 배우고 기억하는 데 도움을 얻을 수 있다.

블록은 모든 연령대의 인간이 실제로 어릴 적에 열광했던 바로 그 크고 대담한 이미지로 정보를 이해하고 학습하는 방식을 압도적으로 선호한다는 진실을 밝혀준다. 1984년에 〈교육과학(*Instructional Science*)〉에 실린 한 논문은 복잡한 정보일수록 시각 보충 자료가 더 중요하다는 사실을 증명했다. 다시 말해 내용이 복잡해질수록 블록 같은 시각 요소가 그 내용을 학습하는 데 필요한 접근점을 더 많이 제공한다.

내가 블록을 '블록'이라고 명명하기로 결정한 이유는, 장난감 블록이 어린아이들의 정신을 쏙 빼놓는 특징을 갖고 있다는 데 있었다. 복잡한 사항을 내포하면서도 즉시 지각할 수 있는 단일한 물체는, 경고 라벨이나 정지 표지판처럼 우리 관심을 붙든다. 블록이 효과를 발휘하는 이유는 근본적으로 우리가 크고 복잡하지 않은 물체에서 위안과 즐거움을 찾기 때문이다.

초등학생용 학습지와 마찬가지로 복잡한 정보를 코끼리처럼 거대한 이미지나 서술과 연결하면, 어른의 마음속에서도 놀라운 일이 일어난다. 즉 우리는 그 이미지에 위로와 위안을 받는다. 그런 이미지의 크기와 명확한 형태, 순간적으로 지각 가능한 특성

은, 그것과 결부된 정보가 아무리 어렵더라도 이 어마어마하게 크고 단순한 이미지와 연관 지을 수 있다고 우리에게 말한다. 내가 학생과 고객들을 상대로 상담이나 강의를 할 때, 발표 자료를 열면 강의실에 퍼지는 은은한 미소와 만족스러운 표정을 볼 수 있다. 발표 내용이 무미건조하고 지루할 때도 마찬가지다. 어떤 개념을 이야기할 때, 어떤 종류든 시각 이미지를 보충 자료로 활용하면 관중의 얼굴에서 안도감이 스쳐가는 것을 보게 된다. 복잡하고 난해한 정보를 전달할 때 아주 크고 단일한 물체를 일종의 닻으로 활용하는 이 연결 관계는, 블록이 효과를 발휘하는 이유와 방식을 밝히는 핵심이다.

인간은 생각할 때 반드시 마음속에 그림을 떠올린다.

아리스토텔레스

아이코니스트처럼 생각하고 소통하기 시작하면, 아무리 특수하거나 난해한 정보 모음이라도 육중하고 거대한 블록을 이용해서 좀 더 소화하기 쉽게 만들 수 있다는 사실을 알게 될 것이다. 커다란 블록은 사람들이 즉시 붙잡을 수 있는 요소를 제공한다. 블록에 당신이 전달하려고 하는 복잡한 정보를 결합하라. 그러면 사람들은 발길을 멈추고 쳐다볼 수밖에 없을 뿐만 아니라, 금방 매료돼서 진심으로 흥미를 느낄 것이다. 이는 인간 지각에 내재된 반사 기제다. 앞으로 살펴보겠지만 복잡성을 속에 품고 있거나 복잡성이 곧바로 따라오는 단순한 블록은 진실한 힘을 갖는다. 단순한 장난감 블록에 새겨진 글자와 그림처럼, 단순하고 이해하기 쉬운 형태에 담긴 세부 사항과 복잡성이 우리 마음을 사로잡기 때문이다.

거대한 물체가 어린이를 매료할 뿐만 아니라 위로할 수 있다는 개념은 인터넷상의 수많은 동영상을 통해서도 쉽게 관찰할 수 있다. 〈덤프트럭과 굴착기〉, 〈힘센 기계〉 같은 제목이 붙은 동영상은 지극히 단순하다. 아무런 효과 장치나 배경 음악, 내레이션도 없이 그저 중장비와 트럭이 제 할일을 하고 있는 장면을 담은 기록에 불과하다. 즉 흙을 옮기고, 커다란 구멍을 파고, 고철을 옮기고, 모래를 쏟는 등 기본적으로 제 용도에 맞는 일을 반복적으로 수행할 뿐이다. 이런 투박한 동영상의 놀라운 점은 바로 어린이의 관심을 몇 시간이고 사로잡는다는 것이다. 사실 어린이뿐만이 아니다. 우리 모두가 즉시 매료되고 넋을 빼앗길 수 있다.

유명 기업가이자 투자가이며 패션 브랜드 후부(FUBU)를 만든 데이먼드 존(Daymond John)은 〈샤크 탱크(Shark Tank)〉(미국 ABC 방송국에서 방영하는 비즈니스 리얼리티 프로그램 – 옮긴이)에 출연했을 때, "작년 어느 날 나는 마이애미 해변을 돌아다녔습니다. 공사를 하고 있더군요. 모래를 옮기는 중이었어요. 문득 정신을 차려보니 내가 그곳에 서서 세 시간 동안 공사 현장을 보고 있었더군요. 완전히 푹 빠졌어요"라고 경험담을 털어놓았다. 내가 말하려는 핵심은, 거대한 물체가 단순하고 즉시 이해할 수 있는 업무를 수행하는 광경에는 나이에 상관없이 우리 모두의 마음을 사로잡고 달래는 무엇인가가 있다는 사실이다.

블록과 연결하면 무엇이든지 정말 쉽고 즐겁게 이해할 수 있다. 나이가 들고 너무나 바쁘게 돌아가는 세상에서 주의가 산만해질수록 더 크고 더 빛나고 더 대담한 블록이 필요하며, 우리는 아기의 관심을 끌려고 할 때와 같은 마음가짐으로 블록을 전달해야 한다. 누가 어떤 매체로 소통하든지 간에 눈에 띄고 싶다면, 최초 접촉 지점에 크고 대담하고 단순한 블록을 내세워 의식적이고 의도적으로 치고 나가야 한다.

그러나 그러는 도중에 우리는 자신의 생각과 재능이 얼마나 난해하고 복잡하고 심오한지 세상에 보여주고 싶은 마음에, 모두가 아는 늪에 빠진다. 이런 경향은 그저 우리가 다른 사람들에게 보여주고 싶어 하는 대상을 이해하기 어렵게 만들 뿐이다. 블록을 통해서 우리 모두가 타고난 고유의 내장 회로 기판을 되찾을 수 있으며, 무엇이 정말로 중요한지 구별할 수 있다.

다들 '나무만 보고 숲을 보지 못한다'라는 속담을 들어본 적이 있을 것이다. 하지만 현대 사회에는 너무 많은 정보가 쏟아져서, 메시징이라는 숲에서 개별 나무를 가려낼 수 없을 때가 많다. 나무 한 그루가 있을 때는 단일한 아이콘인 그 나무를 알아보기 쉽지만, 큰 숲속에서는 그렇지 않다. 그런 복잡한 상황에서 블록은 우리가 잠깐 한숨을 돌릴 수 있도록 돕는다. 그리고 백색소음의 바다에서 꼭 붙잡을 수 있는 크고 단단한 물체를 제공한다.

그렇다면 블록을 만들기 위해 무엇부터 시작해야 할까? 앞으로 몇 장에 걸쳐 주변에서 찾아볼 수 있는 구조물부터 예술품, 의사소통에 이르기까지 다양한 형태의 성공적인 블록 사례를 살펴볼 것이다.

블록은 실생활 속 어디에나 존재하며, 당신은 이미 블록을 어느 정도 사용하고 있다. 단지 자신이 블록을 사용하고 있다는 사실을 모르기 때문에, 블록을 효율적으로나 지속적으로 사용하지 못할 가능성이 높다.

블록은 뜻이 통하는 사람끼리 모일 수 있도록 소통의 신호를 보내는 방법이다. 블록을 당신의 정체성을 고치거나 바꾸는 방법으로 봐서는 안 된다. 오히려 무엇을 당신 자아의 기본적인 표현으로 강조해야 할지 결정하는 데 도움을 주는 시스템으로 봐야 한다. 당신이 몸담은 분야와 관련된 블록의 구조를 이해한다면, 당신을 대표하는 단순하고 눈에 띄는 블록을 빚어낼 수 있을 것이다. 어디에서나 당신의 블록을 반복하라. 그러면 당신이 겨냥한 목표 대상이 멈춰 서서, 알아차리고, 혹할 것이다.

블록은 거대하다

10

중력은 다른 모든 힘을 끌어들인다.

앤드리아 게즈(Andrea M. Ghez)

역사 초창기부터 인류는 자연이 그 자체로 완벽을 의미한다고 여겼다. 태초부터 우리는, 아무런 노력을 들이지 않고도 잘 작동하는 듯 보이는 자연 세계의 사물을 흉내 내려고 애썼다. 고대 지도자들은 사람들을 공적인 일에 끌어모으기 위해 그들의 마음을 사로잡고 관심을 끌 방법을 찾고자 했고, 사람들은 한결같이 해와 달의 단순하고 거대한 형태에 이끌렸다.

고대 세계에서 대칭은 훨씬 더 심오했다. 진정한 대칭은 인간이 만든 물체가 아닌 자연계에서만 가능했다. 이집트 기자의 대피라미드를, 이런 강렬한 선사시대적 형태를 복제하려는 시도로 보는 시각도 있다. 오늘날까지도 우리는 선천적이고 본능적으로 균형에 대한 동경을 마음속에 품고 있다.

고대 사람들은 완벽을 추구할 때, 살면서 늘 봐왔던 단일한 형태에 이끌렸다. 하늘에는 자연계에서 가장 완벽한 물체인 해가 떠 있었다. 인류는 줄곧 이런 이상적인 대칭 물체에 이끌렸고, 우리가 세속에서 만드는 창작품에서 그 물체를 실현하려고 애써왔다. 그것이 바로 우리가 거대하고 대담한 물체, 단순하고 대범한 발상을 갈구하는 이유다. 또한 (해처럼) 선천적으로 단순한 정보 블록과 관계를 맺으려는 이유이며, 동시에 (일몰과 일출처럼) 육중하지도, 명확하지도, 항상 한결같지도 않은 대상을 걸러내려고 하는 이유이기도 하다.

산에도 우리 관심을 사로잡는 비슷한 힘이 있다. 그 이유는 무엇일까?

당신이 최초 문명 발상지에 살았던 사람이라고 상상해보라. 당신은 처음으로 언어를 발명하고 단독 구조물을 최초로 세운 민족이다. 무언가를 이해하려는 탐구는 어디에서 시작했을까? 지식은 어디에서 비롯됐을까? 당신은 무엇을 모방하려고 했을까? 바로 당신이 주변에서 본, 이미 완벽하고 잘 작동하는 물체다.

산봉우리에 쌓인 눈은, 시간이 흐르면 녹아서 지류로 흘러들어 냇물을 이루면서 강으로 흘러 들어간다. 물은 생명체에 반드시 필요하다. 강이 있다는 것은 사냥할 동물과 낚을 물고기가 있다는 뜻이다. 강물이 높은 산속에 숲을 키우고, 숲은 보금자리를 만들 목재와 요리에 필요한 땔감을 제공한다. 80킬로미터 밖에서 강은 볼 수 없지만, 그렇게 멀리 떨어진 곳에서도 산은 볼 수 있다. 160 킬로미터 떨어진 곳에서도 그 위풍당당한 모습은 우리에게 금방 위안을 준다.

인류가 이 땅에 사는 동안, 산은 땅에 사는 모든 생물에게 생명의 근원을 의미했다. 우리는 산을 자연의 아름다움으로서 바라보는 경향이 있지만, 미의 개념과 우리에게 바람직하고 유용한 대상을 떼어놓기란 불가능하다.

- **산** = '삼각형' = 보금자리와 식량

  해 = '원' = 에너지, 온기, 식물

  호수 = '원' 또는 '타원' = 원기 회복, 안도, 삶

산은 요새이자, 위험 요소로부터 보호를 의미한다. 또 포식자로부터 우리를 보호하는 도구를 대표하며, 적이 닿지 않는 은신처이자 피난처다. 이 육중한 흙더미 블록은 말 그대로 삶을 상징한다.

그렇다면, 우리가 블록에 이끌리는 현상이 자연계의 아름다움이라는 개념과 연관된다고 볼 수 있다. 산과 해처럼 자연계에 있는 물체의 커다란 규모와 단순한 형태는 우리가 블록 이미지에

끌리는 이유를 설명해준다. 산처럼, 블록은 반사적으로 시선을 멈추게 하는 상징이다.

단순하고 쉽게 알아볼 수 있는 모양과 형태는 어디에나 있다. 동네를 걸어 다니면서 집에 도착할 때까지 눈에 띄는 모든 기하학적 형태를 하나하나 세어본다면 집까지 오는 데 일주일은 걸릴 것이다. 블록은 이런 형태들과 같다. 비록 우리는 그것이 우리에게 미치는 영향을 잘 의식하지 못하지만, 주변 어디에나 존재한다. 사실 일상에서 쉽게 눈에 띄는 모든 이미지가 바로 블록이다.

기본적인 기하학적 형태는 모든 건축물을 구성하는 블록이다. 문은 사각형(벽돌도 마찬가지)이고 아치는 반원이다. 하지만 누가 지적하지 않는 한 우리는 자신이 매일 수많은 '도형' 속을 돌아다니고 있다고 생각하지 않는다. 블록도 마찬가지다. 일단 블록을 이해하고 나면 주변 어디에서나 블록을 보게 될 것이다. 가장 단순한 시각 블록은 대개 대칭 형태이거나 자연물 형태를 띤다. 대칭(symmetry)이라는 단어는 심메트로스(sýmmĕtros)라는 그리스어에서 파생된 말로 '균형이 잘 잡힌'이라는 뜻이다. 이는 완벽하게 비례하거나 보기에 좋은 모양으로 정의할 수 있다. 다시 말해 단순하고 균형이 잘 잡힌 모양은 한층 더 자연스럽게 사람을 끌어당긴다.

우주망원경과학연구소(Space Telescope Science Institute)에서 활동

대칭
보기에 좋다

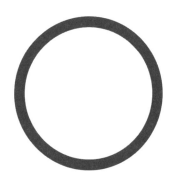

비대칭
보기에 좋지 않다

한 천체물리학자 마리오 리비오(Mario Livio)는 대칭에 관한 책을 썼다. 이 책에서 리비오는 우리 주변 자연계와 우주 전체에서 대칭을 아주 흔히 볼 수 있기 때문에 인간의 뇌가 대칭에 혹한다고 주장한다. 여러 생물학 연구 역시 대칭은 유전적으로나 육체적으로 건강함을 암시하는 징표이므로 인간과 동물은 자연스럽게 대칭에 끌린다고 밝혔다.

이는 서구 사회에서 아름다움을 평가하는 방식이기도 하다. 아름답거나 대칭적인 대상에 자연스럽고 본능적으로 이끌리는 현상에는 블록이 효과를 발휘하는 것과 똑같은 기제가 작용한다.

한편, 사회학에는 이와 대비되는 지각 편향(perceptual bias)이라는 개념이 있다. 이 개념은 아름다움에 대한 지각과 인간의 끌림이, 뇌가 대칭 이미지를 비대칭 이미지보다 훨씬 빨리 처리한다는 사실에서 비롯된다고 주장한다. 어쨌든 우리는 가장 쉽게 처리할 수 있는 대상에 끌린다. 그 대상이 크고 대담하기까지 하다면 백발백중 시선을 사로잡는다.

아이콘과 블록이 작동하도록 뒷받침하는 힘 역시 같은 이유로 효과를 발휘하며, 이는 중력과 마찬가지로 시간을 초월하는 힘인 듯하다. 중력은 5,000년 전에도 지금과 똑같이 작용했다. 뉴턴이 중력을 발견하고 이름을 붙이기 한참 전부터 말이다.

블록과 아이콘은 축소하거나 확대할 수 있다. 성인이 거대한 이집트 피라미드의 삼각 형태를 쉽게 기억하는 것과 같은 이유로 어린아이는 작은 사각형 블록의 형태를 지각하고 기억한다는 뜻이다. 다시 말해, 아이콘은 크기와 무관하게 작용한다. 장난감 블록은 이집트 피라미드보다 훨씬 작지만, 단순한 모양을 지닌 형태이므로 오히려 훨씬 쉽게 두드러지고 머릿속에 기억된다. 물체의 크기뿐만 아니라 형태의 단순성이 여기에서 작용한다.

블록은 당신 주변과 바깥세상 어디에나 있다. 블록은 단순한 관찰에 근거하지만, 그 작용 방식을 이해하고 나면 아이콘으로서 인간을 끌어당기는 주체인 동시에 미시적 수준에서 인간이 만든 거의 모든 구조물을 구성하는 요소로도 볼 수 있다.

어떤 물체를 봤을 때, 우리는 형태와 크기를 가장 먼저 지각한다. 이런 요소들이 물체를 가장 손쉽게 파악하도록 이끈다. 광고 전문가와 메시지 전달자들은 대부분 자기가 이런 요소를 활용한다고 생각하지만 실제로는 그렇지 않다. 오히려 그들은 이미지와 메시지를 희석하거나 너무 복잡하게 만드는 경향이 있다. 그래서 요점을 잃거나 심지어 싸구려려는 느낌을 주기에 이르고, 결국 두드러지는 메시지를 만드는 데, 듣는 사람과 유대 관계를 형성하는 데 실패한다.

지금까지 거대하고 이해하기 쉬운 형태인 블록을 자세히 살펴봤다. 블록은 인간의 지각에 강력하고 즉각적인 인상을 남긴다. 같은 원칙에 근거해 형태의 단순성 역시 정보 과부하에 대한 사람들의 저항을 뚫고 스며든다. 이 책을 계속 읽다 보면, 적어도 자신의 생각을 핵심으로 압축할 수 있는 간단한 기법을 배우게 될 것이다. 이로써 비교적 복잡한 정보가 당신이 겨냥하는 타깃에게 남아서 심금을 울리고 오래 머무르도록 할 수 있을 것이다.

당신이 만드는 블록은 같은 규칙에 따라 10초, 10분, 혹은 만년이라는 기간에 걸쳐 작용할 수도 있다. 블록을 대담하게 끊임없이 반복하면 결국 그 블록을 '아이콘화하게' 될 것이다. 연령이나 크기에 무관하게 보편적으로 작용하는 마법 같은 중력처럼, 아이콘은 우리 관심을 끌어당긴다.

어느 매체를 사용하든 제대로 된 블록을 반복한다면 당신이 겨냥하는 타깃의 주요한 요구에 적중하게 될 것이다. 중력과 마찬가지로 블록은 관심을 끌며, 반복을 통해 금방 마음의 아이콘이 될 수 있다.

블록은 단순하다

11

단순함이야말로 궁극의 정교함이다.

윌리엄 개디스(William Gaddis), 《인식(*The Recognitions*)》

1949년, 40대 후반에 들어선 데다가 사생활도 엉망인 한 남성 건축가가 무명으로 사라지고 있었다. 그는 고향 필라델피아에서 주택 단지를 설계하는 따분하고 특별할 것 없는 일을 했다. 그러다가 1950년에 한창나이를 훌쩍 지나 로마에 있는 미국 아카데미에 건축가로 참여 중이던 이 남자는, 전 세계 곳곳에 있는 고대 유적을 돌아보기로 마음먹었다. 로마 콜로세움 같은 명소를 시작으로, 그는 이집트와 그리스에 있는 세계 불가사의 답사에 나섰다. 경력 쇠퇴기에 접어들 나이에 루이스 칸은 20세기 미국에서 가장 영향력 있는 건축가로 거듭났다. 마침내 칸의 작품은 블록이 어떻게 중력과 같이 거부할 수 없는 힘을 지녔는지 보여줬다. 칸의 건축물은 관심을 사로잡았고 사람들이 그냥 스쳐가게 내버려두거나 다른 선택을 할 여지를 주지 않았다.

루이스 칸은 비밀리에 세 여성과 각각 가정을 꾸려 세 가족을 부양했다. 그중 한 여성과의 사이에서 태어난 아들 너새니엘 칸은 2003년에 오늘날 건축 연대기에서 걸출한 인물로 인정받는 신비로운 거장, 즉 그의 아버지를 좀 더 자세히 파헤치고자 다큐멘터리 영화를 만들었다(〈나의 설계자: 아들의 여행[My Architect: A Son's Journey]〉은 널리 찬사를 받았고, 아카데미 장편 다큐멘터리상 후보에 오르기도 했다). 결국에는 20세기 가장 위대한 여러 건축가들도 루이스 칸을 천재라고 일컫는 날이 왔지만, 1950년 당시 여전히 특별할 것 없었던 그는 불명예스러운 상황에서 또 아이가 태어난 뒤에 짐을 싸서 로마로 와 있었다. 거의 쉰을 바라보는 나이였지만, 이 로마 여행으로 칸 작품의 여정이 바뀌었다. 아마도 칸은 콜로세움을 보고 나서 세계 불가사의를 좀 더 돌아보고 싶다고 느낀 듯하다.

고대 불가사의를 둘러본 칸은 복잡성과 단일체를 심오하게 결합한 독특하고 개성 넘치는 양식을 구축했다. 칸은 방문했던 고대 유적들의 특징을 반영해 단순한 기하학적 형태를 거대한 규모로 구현했다. 하지만 그의 건축물을 좀 더 가까이 들여다보거나 내부에 발을 들여본 사람이라면, 그 엄청난 복잡성에 충격을 받았을 것이다.

너새니엘 칸은 〈나의 설계자〉에서 현대 건축의 거장 페이(I. M. Pei)를 인터뷰한다. 너새니엘 칸은 세계 도처에 수많은 건물을 설계하면서 왕성하게 활동한 페이가, 말년 부활기에 중요한 건물 일곱 채를 만들었을 뿐인 루이스 칸을 이 시대의 가장 위대한 건축가로 평가하는 이유를 묻는다.

페이는 "걸작 3~4채가 건물 50~60채보다 더 중요합니다. …… 건축은 시대의 본질을 담아야 합니다"라고 대답했다. 다시 말해, 중요한 것은 양이 아니라 질이다.

이집트 피라미드는 역사를 통틀어 물질세계의 가장 위대한 불가사의 중 하나로 꼽힌다. 피라미드는 말 그대로 경이롭기에 당연한 결과다. 피라미드는 한정된 기술로 건설한 토목 공사의 위업이며, 그 거대한 석재를 정확히 어떻게 날랐는지는 여전히 수수께끼로 남아 있다. 그러나 피라미드가 두드러지고 인간의 집단의식에 오래 남아 있는 이유에 관한 한, 그 단순함이 경이로움보다 훨씬 더 중요하다.

피라미드의 구조는 블록(단순하고 커다란 형태)이 어떻게 아이콘, 즉 집단의식에 깃드는 시금석이 될 수 있는지 아주 잘 보여주는 사례다. 세계 7대 불가사의를 고찰함으로써 이와 마찬가지의 내용을 볼 수 있다.

흥미롭게도 어떤 전문가들도 실제로 '7대 불가사의'가 무엇인지 합의하지 못했다. 비교적 흔히 언급되는 확실한 후보로는 이집트의 대피라미드, 스톤헨지, 이스터섬의 거대 모아이 석상, 마추픽추, 타지마할, 콜로세움, 로도스의 거상, 바빌론의 공중정원, 치첸이트사의 마야 유적, 올림피아의 제우스상, 아르테미스 신전, 중국 만리장성, 마우솔로스의 영묘를 꼽을 수 있다. 그 수를 세어 보지 않은 사람을 위해 알려주자면, 방금 7대 불가사의 후보로 13개를 꼽았고, 이 밖에도 후보는 더 있다.

인터넷을 검색하면 더 많은 후보를 찾을 수 있을 뿐더러 '과학 전문가'라는 사람들이 무엇이 '진짜' 7대 불가사의인지 주장하거나 이의를 제기하는 논쟁을 볼 수 있다. 비전문가든, 과학자든 무엇이 진정한 '경이'의 속성인지에 관해 저마다 다른 시각을 지닌 듯하다.

이 논쟁을 해결하는 흥미로운 해결책 중 하나가 7대 자연 불가사의, 7대 고대 불가사의, 7대 중세 불가사의, 심지어 새로운 7대 불가사의에 이르기까지 세계 7대 불가사의를 하위 범주로 구분하는 방법이다. 〈USA투데이(USA Today)〉와 〈굿모닝아메리카(Good Morning America)〉는 2006년에, 우리가 무엇을 정말로 '경이롭다'고 여기는지 재정립하고 다음 목록을 작성했다. 심지어 이 목록에는 독자들이 선택한 '여덟 번째 불가사의' 그랜드캐니언도 들어간다.

⟨USA투데이⟩가 뽑은
새로운 7대 불가사의

1	포탈라궁	라사 중국 티베트
2	예루살렘 구시가지	예루살렘 이스라엘
3	극지방 만년설	극지방
4	파파하노 모쿠아키아	하와이 미국
5	인터넷	지구 은하계
6	마야 유적	유카탄반도 아메리카대륙
7	흑인 대이동	탄자니아와 케냐
8	그랜드캐니언	애리조나 미국

〈USA투데이〉 목록 중에는 아마 당신이 들어본 적도 없는 장소도 있을 것이다. 이 목록은 다양한 분야에 종사하는 과학자와 문화평론가들이 작성했고, 해양생물학자 실비아 얼(Sylvia Earl), 신학자 브루스 페일러(Bruce Feiler), 해외여행 작가 겸 소설가 피코 아이어(Pico Iyer), 세계 탐험가 홀리 모리스(Holly Morris), 고산 고고학자 존 레인하드(John Reinhard), 천체물리학자 닐 디그래스 타이슨(Neil deGrasse Tyson)에게 자문했다.

〈USA투데이〉가 뽑은 새로운 불가사의 목록은 '대부분 사람들이 무엇을 7대 불가사의라고 여기는가' 하는 측면에서 보통 사람이 공감하기는 어렵다(독자들이 선택한 그랜드캐니언은 예외). 바빌론의 공중정원은 이제 존재하지 않고, 인터넷과 세렝게티 지역의 흑인 대이동은 시각 이미지화한다거나 머릿속에 떠올리기 힘들다는 측면에서 그 실체가 다소 막연하다.

길에서 만나는 평범한 사람이 꼽을 만한 대중적인 세계 7대 불가사의를 있는 그대로 공정하게 정한다면 확정은 아니더라도 다음과 같을 것이다.

- **대피라미드**: 거대한 **삼각형**이다.

  콜로세움: 육중한 **원**이다.

  스톤헨지: 우람한 **직사각형** 혹은 웅대한 **원**을 쌓은 구조물이다. 어쩌면 외계인이 쌓았을지도 모른다.

만리장성: **직사각형**과 **정사각형** 거석을 맞물리게 쌓은 성벽이다.

모아이 석상: 얼굴을 새긴 막대한 **직사각형**이다.

타지마할: 꼭대기에 **원**을 올려놓은 웅장한 **직사각형**이다.

그랜드캐니언: 주변 환경과 극명한 대비를 이루는 **웅대**하고 시각적으로 극단적인 풍경이다.

길에서 만난 사람에게 7대 불가사의가 무엇인지 물으면 즉흥적으로 그 사람은 아마 이 목록에 들어간 항목을 대겠지만, 전문가가 뽑은 7대 불가사의 목록과 겹치는 항목은 단 하나뿐이다.

그렇다면 '전문가가 뽑은 목록'은 우리 대중문화 범주에서 일반적으로 간주되는 세계 7대 불가사의와 왜 그토록 큰 차이를 나타낼까? 전문가들은 위대함이라는 문자 그대로의 개념을 좀 더 중요하게 여기고, 표면적 관념을 받아들이지 않는 경향이 있기 때문이다. 하지만 사실 핵심은 표면적 관념이다. 우리는 바로 이 단순한 외견 형태에서 느끼는 경이로움을 기억하고, 이 단순한 표면적 관념이 우리 마음속에 오래 남는다. 즉 그것이 바로 아이콘을 만드는 요소다.

대중이 뽑은 목록의 공통분모는 이런 불가사의가 불러일으키는 경외심의 정도보다 형태의 단순함에 더 가깝다. 대중이 뽑은 세계 7대 불가사의 각각의 형태는 기본 도형으로 손쉽게 압축할 수 있다. 그중에서 가장 복잡한 구조물인 타지마할도 본질적으로

타지마할

피라미드

콜로세움

모아이 석상

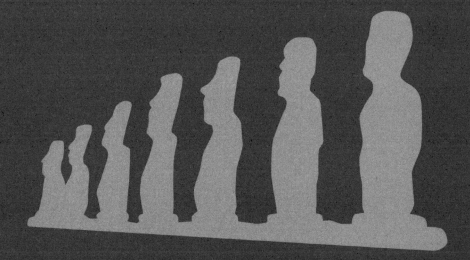

스톤헨지

만리장성

그랜드캐니언

는 꼭대기에 원을 올려놓은 직사각형에 불과하다.

아이콘의 특징을 갖춘 세계 7대 불가사의는 그 기본 형태가 우리의 뇌리에 분명한 이미지를 각인시키는 물질적이고 시각적인 블록이기 때문에 기억에 오래 남는다. 따라서 전문가들이 제시한 새로운 불가사의가 설계나 규모, 문화적 의의와 같은 복잡한 측면에서 훨씬 더 놀랍다고 할지라도, 일반인의 원시적 뇌는 아이콘이나 블록에 혹하고 이를 즉시 떠올릴 것이다. 우리는 이런 이미지에 엄청난 양의 지식을 연관 지어서 생각하지만, 가장 먼저 떠올리는 것은 바로 그 단순한 형태다.

마추픽추와 마우솔로스의 영묘는 놀라울 만큼 경이롭지만, 대중이 뽑은 세계 7대 불가사의 목록에 들어간 명소들이 한눈에 보기에도 단일체 블록이자 아이콘인 것과 비교하면, 훨씬 더 복잡하다. 이 두 곳 역시 훌륭한 가치를 지니지만 그 복잡성 때문에 기억에 덜 남는 것이다.

오늘날 우리가 이런 고대 유적에 감탄하듯이, 미래 사람들은 칸의 건축물을 특별하다고 여기며 환호할 것이다. 거장 건축가 클라이브 윌킨슨(Clive Wilkinson)은 전설적인 건축가 프랭크 게리(Frank Gehry)의 제자였으며, 게리가 로스앤젤레스 시내에 걸작으로 칭송받는 월트 디즈니 콘서트홀을 지을 때 사업 책임자 역할을 맡았다. 윌킨슨은 〈패스트컴퍼니〉가 뽑은 가장 창조적인 100인에 이름을 올렸으며, 캘리포니아주 마운틴뷰에 있는 멋진 구글

플렉스(Googleplex, 구글 본사 단지 - 옮긴이)를 설계한 건축가이기도 하다. 그런 윌킨슨은 칸을 가리켜 '원시 기하학의 대가'라고 칭하면서 "그의 작품의 매력은 근본적인 단순함"이라고 말한다.

칸의 설계는 고대 유적의 구성 요소를 반영하고 복잡함과 거대함 사이에서 밀고 당기는 상호작용을 이뤄내면서 블록을 실현했다. 이런 면모는 칸이 방글라데시 수도 다카에 지은 국회의사당에서 잘 찾아볼 수 있다. 20세기 가장 위대한 건축물로 꼽힐 만한 이 작품은, 칸이 실제로 그 전모를 보지 못한 건물이기도 하다. 그가 죽은 지 10년 가까이 지나서야 완공됐기 때문이다.

세계에서 가장 가난한 국가 중 한 곳에 있다는 사실과는 별개로, 이 건물의 가장 특별한 점은 바로 기하학적이고 우아한 단일체 구조물이 잔디밭에 둘러싸인 호수 안에 들어앉은 형상이다. 그 어마어마한 크기가 중력처럼 눈길을 끌어당기는 국회의사당 건물은, 심오하고 단순한 기하학적 형태의 거대 건축물이다. 내부에 들어섰을 때 보이는 복잡한 세부 요소들은 더욱 놀랍다. 내부 벽의 녹청색 칠을 따라 햇빛이 움직이면, 내벽을 기하학적 형태로 파낸 무늬와, 대칭으로 설계한 금속 창살이 반짝여서 예술 작품의 복잡성과 정교함을 엿볼 수 있다. 이런 세부 양식이 없었다면 이 건축 작품이 그토록 커다란 힘을 지니지는 못했을 것이다. 동시에 육중한 블록 형태의 외관이 없었더라면 정교한 세부 양식은 그만큼 심오하게 느껴지지 않았을 것이다. 이것이 바로 거대함과 복잡

루이스 칸

함의 공생 관계가 가지는 힘이다. 이 두 요소는 서로를 보완하는 역할을 하며, 서로가 있어야 각자 힘을 가질 수 있다. 이것이 블록의 원초적 진실이자 본성이다.

세계 7대 불가사의와 칸의 건축물은 아이코니스트에게 작품을 바라보는 흥미로운 시각을 제공한다. 물론 시각예술, 음악, 아이디어, 상품은 이 장에서 살펴본 단일체 구조물과 무척 다르다. 그러나 이런 구조물의 형태적 단순성을 모방하고 이런 구조물이 오래 기억에 남는 이유를 생각함으로써, 어떻게 하면 우리 작품도 타깃의 관심을 끌어당길 수 있을지에 대한 실마리를 얻을 수 있다.

블록은 반복된다 : 미술 작품 속 블록

12

예술 작품은 보는 사람이 주제를 알아볼 수 있기 이전에
이미 그 자체로 완전한 의의를 지녀야 하고,
그 의의를 보는 이에게 내세워야 한다.

앙리 마티스, 《화가의 노트(Notes of a Painter)》

블록은 어떤 매체에서든 견고하고 기억할 만한 아이콘으로 거듭
날 수 있다. 그 과정에서 필요한 것은 반복뿐이다.

모든 미술, 그래픽 디자인, 시각 이미지는 이 원시적 법칙에 따
라 관심을 끈다. 중심 이미지는 즉시 관심을 사로잡고 주의를 끌
어서 머릿속에 단편적 인상을 새기는 블록이다. 이는 에두아르 마
네(Édouard Manet)와 폴 고갱(Paul Gauguin)이 재능을 타고났음에도
불구하고 동시대 화가 빈센트 반 고흐(Vincent Van Gogh)만큼 유명
하거나 인정받지 못하는 이유다. 또 많은 사람이 앤디 워홀(Andy

Warhol)의 작품을 금방 알아보는 이유이기도 하다. 하룻밤 사이에 유명해진 듯 보이는 현대 미술가이자 사진작가 멜라니 풀렌 (Melanie Pullen)의 이면에도 블록이 있다.

2000년대 중반에 풀렌은 무명에서 벗어나 엄청난 인기를 누리며 영향력을 발휘하는 사진가가 됐다. 베벌리힐스 에이스갤러리에서 열린 풀렌의 첫 번째 작품전 〈하이패션 크라임 신(High Fashion Crime Scenes)〉은 국제적인 찬사를 받았다. 다큐멘터리, 책, 수많은 대중 언론에 소개됐고, 전 세계적으로 유명하고 영향력 있는 수집가들이 풀렌의 작품을 탐냈다. 2018년에는 풀렌의 작품이 로스앤젤레스에 있는 게티미술관의 〈스타일의 아이콘(Icons of Style: A Century of Fashion Photography, 1911-2011)〉 전시에 초청받았다. 풀렌은 살아 있는 예술가로는 유일하게 이 전시에 작품을 출품했으며, 작품 중 한 점은 게티미술관의 영구 소장품에 추가됐다.

정말 흥미로운 점은 풀렌이 이렇게 단번에 성공하기 전에는 직업 사진작가가 아니었다는 사실이다. 풀렌의 작품은 1930년대에 발생한 살인 사건 현장을 하이패션 모델과 유명 디자이너 의상으로 표현한, 영화적 재현을 바탕으로 한다. 로스앤젤레스 경찰과 뉴욕 경찰의 범죄 현장 기록에서 영감을 얻은 풀렌의 사진들은 아름다운 여성이 공중에 떠 있거나, 요염한 여자가 지하철역의 차가운 대리석 바닥에 맥없이 팔다리를 벌리고 누워 있거나 부듯

가에 버려진 모습을 보여준다. 각 사진은 암울하고 아름다운 배경과 실감 나게 죽은 척하는 모델을 담고 있다. 그 이미지들은 찰나에 즉시 이해된다. 풀렌의 사진이나 그녀 자신이 명성을 얻게 된 원인은 의상도, 자극적인 소재도, 개츠비를 떠올리게 하는 작풍도 아니다. 풀렌은 충격 요법을 추구하지 않는다. 그녀는 "보는 사람이 어떤 이미지를 이해하려면 비슷한 형태와 양식으로 구현한 이미지를 적어도 세 차례는 반복해서 봐야 해요"라고 설명한다. 풀렌이 갑자기 각광을 받게 된 원인은 바로 블록이었다.

우아하면서도 동시에 섬뜩한 풀렌의 작품은 거대한 물리적 크기로도 주목받았다. 그녀의 사진은 대개 폭이 122센티미터에서 305센티미터에 이른다. 풀렌은 작품을 왜 그렇게 크게 인쇄할까? 그녀는 "큰 사진은 관중에게 대담하고 강렬한 인상을 남기기 때문"이라고 말한다.

풀렌의 두 번째 단독 작품전 〈난폭한 시대(Violent Times)〉는 미국 서부에서 열린 사상 최대의 스틸 사진전이었다. 이 작품전은 그녀의 베벌리힐스 대리인이자 로스앤젤레스에서 가장 명망 높은 전시관 중 하나인 에이스갤러리에서 열기에도 규모가 너무 컸다. 그래서 윌셔 대로에서 한 구획을 전부 차지하고 있는 면적 7,320제곱미터의 데즈먼드 빌딩에서 열렸다. 전시회 첫날에만 2,000명이 넘는 관객이 몰려들었다.

풀렌은 〈난폭한 시대〉에 전시한 작품들을 통해 세계적으로 전

도유망하고 탁월한 순수 예술가로 자리 잡았다. 이 대규모 전시회에는 영화의 한 장면 같은 놀라운 사진들이 수십 점 걸렸고 그중에는 높이 244센티미터, 폭 366센티미터에 이르는 작품도 있었다. 이 시리즈는 〈전투 장면(Battle Scenes)〉, 〈병사들의 초상(Soldier Portraits)〉, 〈전투 군인(The Combat Soldiers)〉(이 중 네 점을 146~151쪽에 실었다), 〈생화학 전쟁(Biochemical Warfare)〉이라는 네 부분으로 이루어졌다. 이 시리즈로 폴렌은 세계 각지의 훌륭한 미술품 수집가들에게 사랑받는 사진작가로 입지를 굳혔다.

〈크리드 2(Creed II)〉, 〈토르: 다크 월드(Thor: The Dark World)〉, 〈터미네이터 제니시스(Terminator Genisys)〉 같은 영화와 〈보드워크 엠파이어(Boardwalk Empire)〉, 〈왕좌의 게임(Game of Thrones)〉처럼 어둡고 아름다운 텔레비전 드라마를 찍어서 찬사를 받은 촬영 감독 크레이머 모건도(Kramer Morgenthau)는, "폴렌의 작품은 영화 촬영에서 찾아볼 수 있는 상징적인 이미지를 아주 효과적으로 나타냅니다. 그녀가 찍은 스틸 사진은 하나하나가 이야기를 들려주죠. 폴렌은 두려움을 전혀 모릅니다. 그녀의 작품에는 자신감과 힘이 담겨 있어요. 색감, 대비, 콘텐츠가 대담하죠. 틀에 얽매이지 않고 타협하지 않아요."라고 말하면서 폴렌을 높이 평가했다.

폴렌이 깨달았듯이, 메시지나 이미지, 음악, 또 어떤 예술의 형태나 생각을 반복하면 시간이 흐르면서 서로 비슷한 작은 부분들로 이뤄진 단일한 메시지가 확립된다. 폴렌은 〈난폭한 시대〉에 관해서 "나는 폭력을 미화하려는 우리의 인식과 뿌리 깊은 욕망에 의문을 제기하는 대규모 시리즈를 만들면서 초창기 인물 사진 기법과 전투 이미지의 미학을 생생하게 표현했습니다"라고 말했다. 이처럼 복잡한 메시지를 전달하려고 할 때, 평범한 사람이 한 번에 받아들일 수 있는 중대 개념은 1~3가지에 불과하다. 그러므로 몇 분, 몇 시간, 며칠, 몇 주, 몇 달, 몇 년, 혹은 몇십 년 동안 몇 가지 요점을 고수하면서 이를 계속 반복하는 것이 대단히 중요하다. 형태와 감정이 단순하다면 그 과정에 걸리는 시간이 줄어들고, 과정을 쉽게 통제할 수 있다.

풀렌은 활동 영역을 넓혀가고 있다. 현재 그녀는 잡지 표지를 촬영하고, 자신의 작품을 연극처럼 정교하게 창조한 공연을 연출하고 있다. 이 라이브 공연은 쉽게 잊히지 않는 묘한 매력을 풍기는 그녀의 사진들을 생생하게 표현한다. 풀렌은 블록을 사용함으로써 단시간에 명성을 손에 쥐었고, 자신의 작품에 대한 수요를 창출했다. 나아가 예술사진 영역을 넘어 존재감을 드러내면서 대중문화에도 영향을 미치기 시작했다.

혁신가이자 건축가인 클라이브 윌킨슨도 풀렌의 작품에 찬사를 보냈다. 윌킨슨은 내게, "루이스 칸처럼 풀렌의 작품은 뿌리부터 원시적 본능을 건드립니다. 상징적인 건축물과 마찬가지로 그림이나 사진 역시 먼저 사람들의 흥미를 끌어 문 안으로 들어오도록 해야 합니다. 그다음에는 관여하도록 이끌어야 하죠. 그녀의

작품에 담긴 복잡성과 이야기는 계속 흥미를 붙듭니다. 사람들이 계속 머무르면서 생각하도록 하려면 밀도가 높아야겠죠"라고 설명했다.

언뜻 보기에 솔직하고 과감한 폴렌의 이미지는 난해함과 단일함을 오가는 상호작용을 잘 보여주는 사례다. 입체 구조물이든 시각 이미지든, 대담할 정도로 단순하고 즉시 지각할 수 있는 폴렌의 작품은 사람들의 관심을 끌어서 작품 이면 혹은 내부에 숨어 있는 복잡성에 접근하게 한다.

블록 이미지가 성공하려면 눈 깜짝할 새에 거의 전부를 파악할 수 있어야 한다. 그래야 뇌가 이미지를 처리하기 이전에 원시적인 수준에서 그 이미지가 어떤 의미인지 깨달을 수 있으며, 이로써 그 작품에 내재된 복잡성을 탐구할 수 있는 단서를 제공한다.

어떤 물체가 물리적인 세계에서 벗어나 정신적인 개념으로 바뀌는 속도가 빠를수록, 그 물체가 경쟁 상대인 다른 모든 감각 정보들을 물리치고 관심을 얻을 가능성이 증가한다. 블록의 단순성과 대조를 이루는 내재적 복잡성은 이런 변화 과정에서 지연을 유발하며, 1,000분의 1초 차이로 관중의 관심을 영원히 사로잡거나 놓칠 수 있다. 여기서 종종 성공과 실패가 갈린다.

빈센트 반 고흐가 오랫동안 지켜온 상징적인 지위는 독특한 이미지가 지니는 힘을 증명한다. 그러나 모든 예술가가 한눈에 알아볼 수 있는 반복적인 양식의 작품을 창조하지는 않는다. 직관적으로 볼 때 이는 오히려 '창조적인 예술가'가 의미하는 바에 어긋난다. 그렇기는 하지만 많은 예술가들이 평생 좁은 창작의 틀에서 벗어나지 못한다. 내가 보기에, 이는 두각을 드러내려면 자기만의 고유한 양식이 필요하다는 사실을 예술가들이 본능적으로 알기 때문인 듯하다. 그런 틀을 만드는 데는 오랜 세월이 걸리겠지만, 대중성을 원하는 예술가라면 이를 감수할 것이다.

물론 대중성이 전부는 아니다. 다양성과 정교함이 활약할 여지도 있고, 그런 부분이 필요한 때도 있다. 그러나 블록을 이해함으로써 우리는 나만의 고유한 양식이 어떠하길 바라는지, 혹은 자신이 어떤 점으로 알려지고 싶은지 결정하고, 이를 의식적으로 선택할 수 있다.

《아이코니스트》는 당신의 작품을 바꿀 책이 아니다. 이 책은 관심을 얻고자 할 때 사용할 수 있는 도구를 알려줄 뿐이다. 블록이 바로 당신의 작품을 두드러지도록 도와줄 도구다. 하지만 이는 당신이 관심을 추구할 때만 유효하다. 모든 것이 다 관심을 끌 필요는 없지만, 블록을 이해한다면 당신이 원하는 경우에 관심 받기를 선택할 수 있다. 블록을 그림 그릴 때 사용하는 특정한 종류의 붓이나 빨간색 물감이라고 생각해보라. 당신은 원하는 관심의 효과를 얻고자 그것을 사용할 수도 있고, 사용하지 않을 수도 있다. 나는 블록을 사용하지 않은 모호한 예술을 사랑한다. 핵심은 모든 예술가가 무엇이 관심을 끄는지 알고 자신의 선택에 따라 블록이라는 도구를 사용할지 여부를 결정해야 한다는 사실이다. 대부분의 예술가가 자기도 모르게 블록을 사용하거나 아예 사용하지 않는다.

반 고흐는 비록 인정받기 전에 죽었지만 이후로 그의 많은 작품은 아이콘이 됐다. 〈해바라기(Sunflowers)〉 연작, 〈고흐의 방(Bedroom in Arles)〉, 〈밤의 카페 테라스(Cafe Terrace at Night)〉, 〈신발(A Pair of Shoes)〉, 〈황소(Bull)〉, 〈나무(Tree)〉 등 반 고흐의 유명한 작품들은 **두드러지는 중심 이미지**라는 동일한 원시적 블록을 따른다. 물론 반 고흐의 그림들이 전부 이 패턴을 따르지는 않지만, 이것이 대중이 그와 그의 작품을 생각할 때 떠올리는 이미지다. 앞에서 언급한 작품들의 경우, 마치 도로 표지판처럼 거대한 중심 이미지가 캔버스 중앙을 꽉 채우고 있다. 그림을 보는 순간, 생각할 필요도 없이 즉시 이를 받아들이게 된다. 반 고흐는 블록을 그렸고 그 덕분에 그의 작품들은 아이콘이 됐다. 미술사에서 고흐가 차지하는 지위와 식지 않는 인기가 바로 그 증거다.

반면에 한때 반 고흐와 같이 살기도 했던 폴 고갱은 옅은 색과 대담한 색을 능숙하게 사용해서 멋진 장면을 그렸지만, 대비가 더욱 뚜렷하고 보는 즉시 전달되는 커다란 중심 이미지를 활용한 고흐에 비하면 인지도나 명성이 떨어진다. 고갱은 블록을 자주 사용하지 않았다. 반 고흐가 그린 들판이나 물체, 사람을 보면 그 대상이 무엇인지 곧바로 이해되지만, 고갱 작품의 경우 대부분 다소

반 고흐

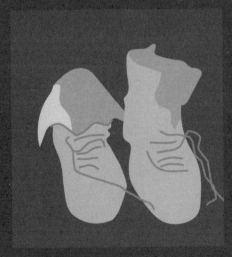

고갱

마릴린 먼로

캠벨 수프 캔

시간이 걸린다. 이미지를 지각하고 이해하는 데 추가로 소요되는 찰나의 시간이 중대한 차이를 만든다. 한순간에 누군가를 당신의 작품 속으로 끌어당길 수도 있고 잃을 수도 있다. 즉시 이해할 수 있는 작품은 집단의식 속에 좀 더 빠르고 공격적으로 스며들며, 사람들이 금방 관심을 가지도록 이끈다.

블록 이미지를 사용한 덕분에 오랫동안 인기를 누려온 예술가는 수없이 많다. 〈캠벨 수프 캔(Campbell's Soup Cans)〉, 〈마릴린 먼로 두 폭(Marilyn Diptych)〉, 〈소 벽지(Cow Wallpaper)〉, 〈마오쩌둥(Mao Tse-Tung)〉, 〈더블 엘비스(Double Elvis)〉, 〈자화상〉을 비롯한 수많은 걸작 팝아트를 내놓은 앤디 워홀을 예로 들어보자. 워홀이 정교하고 현실적인 그림도 그렸다는 사실은 모르는 사람이 많다. 아마도 워홀이 갖췄던 순수 미술 분야의 방대한 기교가 단순함을 선호하는 경향에 강력한 영향을 미쳤을 것이다.

사랑받는 화가 프리다 칼로(Frida Kahlo)의 창작 세계는 대단히 다양하다. 나는 멕시코시티 코요아칸에 있는 칼로의 집에서 그녀의 작품 여러 점을 직접 감상했다. 칼로는 무척 다양한 주제와 양식으로 채색화, 데생, 스케치 200여 점을 남겼지만, 칼로가 유명해진 계기는 거의 전적으로 그녀의 아이콘과 같은 자화상들이다. 자화상은 칼로의 작품 중 극히 일부에 불과하지만, 이 반복적인 이미지들, 즉 칼로의 블록만이 세계인의 집단의식을 파고들었다.

과거나 지금이나 아이콘이 된 예술가들은 자각했든 자각하지 못했든 간에 언제나 블록을 이해했고, 그들이 시간을 초월해서 대중과 이어지는 이유도 바로 여기에 있다.

이제 블록을 다른 관점에서 살펴보자. 물리학에서 유명한 뉴턴의 운동 제2법칙은 '힘(F)=질량(m)×가속도(a)'이다. 블록 세계에서 질량은 블록이다. 블록의 반복은 가속도처럼 작용하며, 이 두 가지가 결합해 만들어진 힘은, 짙은 구름을 헤치고 당신이 노리는 대상의 마음속으로 나아가는 돌파구가 된다. 이를 뉴턴의 운동 제2법칙과 같은 공식으로 만들면 다음과 같다.

블록 × 반복 = 짙은 구름을 헤칠 돌파구
(질량 × 가속도 = 힘)

블록을 무기로 삼을 때 당신은 자신감을 부여받고, 자신이 적절한 단순함으로 무장해서 나아가고 있으며 곧 상대의 관심을 끌고 그에게 받아들여질 것이라는 사실을 인지함으로써 평정을 유지할 수 있다. 또한 블록은 보는 사람에게, 긴장을 풀고 작품을 제대로 평가하며, 당신이 던지는 복잡한 정보를 좀 더 많이 간직할 기회를 제공한다.

모든 시각예술과 디자인에서 블록, 즉 크고 중심을 차지하며 즉시 알아볼 수 있는 이미지는 일단정지 표지판 같은 역할을 한다.

즉시 알아볼 수 있는 크고 대담하며 강한 대비를 이루는 명백한 이미지가 캔버스 중심을 차지하고 있으면, 우리는 그 대담함에 이끌려 그 작품이 담고 있는 세부 사항과 복잡한 특징들을 좀 더 자세히 살펴보게 된다. 이것이 바로 블록의 역할이다. 대담한 중심 이미지는 정신이 번쩍 들게 충격을 준다. 그 충격이 관심을 끌어당긴다. 이를 공들여 다듬으면, 당신이 전달하려는 메시지는 상대에게 받아들여질 것이다. 블록은 마치 대담하고 강한 대비를 이루는 경고 라벨처럼 먼저 사람들을 끌어당겨서 참여를 유도하고, 그 안에 담긴 좀 더 난해한 내용으로 이끌어 마음에 각인을 남긴다. 이것이 바로 블록이 반복적으로 작용해서 아이콘을 탄생시키는 과정이다.

블록은 감정을 자극한다 : 음악 속 블록

13

자기의 고유성만 믿다 보면 자기를 열어놓는 데 어려움을 겪게 된다.

제임스 브로턴(James Broughton)

감정은 분명하다. 사람들은 감정을 느낄 때 관심을 기울인다. 노래의 멜로디, 단어 하나, 개념이나 발상, 이미지를 비롯해 희미하든 극심하든 감정을 유발하는 모든 수단이 이 과정을 부추길 수 있다.

루트비히 판 베토벤(Ludwig van Beethoven)은 당대 음악계를 군림한 아이코니스트였는데, 생전은 물론 사후에도 평론가와 동시대인들에게 작품들의 일부 멜로디가 유치하다는 비난을 받았다. 베토벤이 〈환희의 송가(Ode an die Freude)〉를 작곡한 지 100년 이상 지난 1899년에 미국의 음악 평론가 필립 헤일(Philip Hale)은 현재 가장 큰 찬사를 받는 베토벤의 이 작품을 가리켜 "지루하고 구제불능으로 천박한 음악이다! 주선율 '환희여, 환희여!' 부분은 입에 담기 힘들 정도로 싸구려다"라고 평했다. 헤일이 증오했던 바로 그 단순함이, 그 작품이 단번에 귀에 박힐 뿐만 아니라 오랫동안 건재하도록 뒷받침한 반복적인 블록 멜로디다.

이보다 몇 년 이른 1882년 11월 6일에 작곡가 겸 음악 교사였던 페르디난트 프레거(Ferdinand Praeger)는 〈클래식 음악 형식상 음부 반복의 오류에 관하여(On the Fallacy of the Repetition of Parts in the Classical Form)〉라는 글을 통해 반복에 반대하는 주장을 발표하면서 다음과 같이 서술했다.

- 첫인상이 아무리 강렬하더라도 이를 곧바로 반복한다면 그 감명이 약해진다는 사실은 누구라도 선선히 인정할 것이다. 시인이 시의 절반을 반복하겠다고 생각하는 경우가 과연 있을까? 극작가가 한 막 전체를 반복하거나, 소설가가 한 장 전부를 반복하겠다고 생각하는 경우가 있을까? 이런 제안은 유치하다고 단박에 거절당할 것이다. 왜 음악은 예외여야 하는가? …… 시에서는 한 연 전체를 반복하는 행위가 유치하다거나 정신 이상의 소산으로 치부되건만 왜 유독 음악은 예외여야 하는가?

이런 비판에도 불구하고 베토벤은 블록을 본능적으로 사용한 덕분에 음악 감상자들을 대단히 복잡한 자신의 작품 속으로 끌어들였고, 200여 년이 지난 지금도 여전히 끌어들이고 있다. 베토벤 교향곡 제5번 〈운명〉 첫마디의 음표 네 개(듣는 즉시 알아들을 수 있는 바-바-바-밤!) 역시 멜로디 블록으로 작용한다. 베토벤 교향곡은 난해하지만 블록 멜로디는 마치 동요 같아서 우리가 그런 교향곡들을 기꺼이 받아들일 수 있도록 이끄는 접근점 역할을 한다. 헤일이 구제불능으로 천박하다고 매도했던 바로 그 작품은 지금까지 작곡된 가장 아름다운 작품 중 하나로 일컬어지고, 베토벤은 당대에 가장 뛰어난 음악가 중 한 명이었다. 블록 덕분에 우리는 복잡성과 단순성 간의 관계를 쉽게 이해하고 이에 집중할 수 있다.

음악에서 블록은, 듣는 사람의 마음속으로 즉시 거부할 수 없이 밀고 들어오는 가장 '두드러지고 반복되는' 주된 멜로디나 가사, 리듬이다. 음악 속 블록은 우리 관심을 끌어서 노래 속으로 우리를 이끈다. 음악이 들리는 즉시 가던 길을 멈추고 귀 기울여 듣도록 이끄는 요소가 바로 블록이다. 또 어떤 노래가 계속해서 머릿속을 맴도는 원인으로, '후크'(hook, 사전적 의미는 갈고리. 음악적으로는 듣는 사람을 사로잡는 짧막한 음악 구절을 뜻함 – 옮긴이)를 만들어서 노래가 귀에 잘 '걸리도록' 한다. 블록은 우리 관심을 사로잡고 놓치지 않는다.

음악 지각 및 인지 전문가이자《반복에 관하여(On Repeat: How Music Plays the Mind)》를 쓴 엘리자베스 마굴리스(Elizabeth Margulis)는 아칸소대학교 음악인지연구소에서 일하면서 기발한 실험을 했다. 이 실험에서 마굴리스는 음악에서 반복이 발휘하는 힘의 확실한 증거를 발견했고, 이 연구를 〈생소한 음악에서 등장하는 반복에 대한 심미적 반응(Aesthetic Responses to Repetition in Unfamiliar Music)〉이라는 제목으로 발표했다. 실험에는 20세기 작곡가 엘리엇 카터(Elliott Carter)가 작곡한 특징적인 불협화음과 명백하게 반복적이지 않은 작품을 이용했다. 마굴리스는 디지털 방식으로 이런 작품을 반복적으로 편곡하면 듣는 사람들이 그 음악을 "(카터가 작곡한, 반복적이지 않은 원곡보다) 더 즐겁고 흥미로우며, 컴퓨터가 무작위로 생성한 음악이 아니라 인간 음악가가 작곡한 음악일 가능성이 더 높다"라고 여긴다는 사실을 발견했다. 마굴리스는, "음악을 들으면서 다음에 어떤 선율이 나올지 아는 경우, 우리는 실제로 다음 부분이 나오기 전에 이 부분을 상상하면서 적극적인 태도를 나타낸다. 이런 능동적인 감상은 음악에 참여한다는 감각을 형성한다"라고 결론지었다. 마굴리스의 연구에 따르면, 음악에 반복이 있을 때 사람들은 그 음악을 한층 더 즐긴다!

이는 인간이 지각하는 모든 대상에 적용되는 사실이다. 수백 년 전에 만들어진 음악을 우리가 여전히 듣는 이유이기도 하다. 반복은 음악을 두드러지게 하고, 오래오래 사랑받도록 하는 요소다.

좀 더 최근의 음악 역사에서 사례를 찾아보자면 마이클 잭슨(Michael Jackson)이 만든 거의 모든 노래로 눈을 돌릴 수 있다. 베토벤과 잭슨이 작곡한 가장 기억에 남는 음악들은 대단히 심오하고 뚜렷한 성격 두 가지로 규정된다. 바로 한층 복잡하고 난해하며 정교한 편곡을 뚫고 드러나는, 대담하고 반복적이며 놀라울 만큼 아름답고 감수성이 풍부한 멜로디 및 리듬이다.

〈스릴러(Thriller)〉가 역사상 가장 많이 팔린 앨범이 된 까닭은 잭슨이 블록 사용의 대가였기 때문이다. 빌리 조엘의 최대 히트곡 모음집은 네 번째로 많이 팔린 앨범이다.

마이클 잭슨은 〈돈 스톱 틸 유 겟 이너프(Don't Stop 'Til You Get Enough)〉부터 〈윌 유 비 데어(Will You Be There)〉에 이르기까지, 모든 노래에 마치 동요 같은 리듬과 멜로디를 사용했다. 역시나 이것이 그의 음악이 관심을 끈 이유다. 잭슨은 작곡가이자 가수로서 복잡한 면모를 갖추고 있었지만 우리가 기억하는 것은 그가 만든 멜로디, 즉 그의 블록이다. 마이클 잭슨의 성격이나 사생활에 관해 어떤 견해를 갖고 있든 간에 세계가 그가 만든 멜로디에 열광했다는 사실은 부정할 수 없다. 잘 만든 블록은 우리 멱살을 쥐고 놓지 않는다. 블록은 우리가 관심을 기울이고 싶은지 그렇지 않은지 상관하지 않는다. 우리가 관심을 기울이도록 만들 뿐이다.

유명한 곡들(엘비스 프레슬리[Elvis Presley], 비틀스[Beatles], 마돈나

[Madonna]의 히트곡을 떠올려보라)은 반복 리프, 다양한 주선율과 대선율로 구성한 여러 블록을 활용해 음악이 우리 귓속을 파고들도록 한다. 이런 노래들은 오랜 시간이 흘러도 살아남는다. 세상에는 지나치다 싶을 정도로 멜로디를 반복하고 두드러지게 만드는 것이 중요하다는 사실을 이해하지 못하는 바람에 마땅히 받아야 할 관심을 받지 못하는 천재 음악가들이 많이 있다.

음악을 듣는 사람들이 하나같이 갈망하는 기본적인 접근점, 즉 블록을 사용하지 않고 히트곡을 만들기란 거의 불가능하다. 음악에서 단순한 동요 같은 멜로디나 리듬, 가사(중심 시각 이미지의 청각 버전)를 사용하면, 그 음악은 뚜렷하게 드러나고 금방 이해될 수 있다.

가장 널리 알려진 동요 〈반짝반짝 작은 별(Twinkle, Twinkle, Little Star)〉, 〈음매, 음매 검은 양(Baa, Baa Black Sheep)〉, 〈알파벳 송(ABC's)〉의 멜로디가 모두 똑같은 것은 우연이 아니다. 이는 블록이 어떻게 정보 습득을 도와주는지 보여주는 완벽한 사례다. 존 로크가 관찰한 장난감 알파벳 블록의 청각 버전인 셈이다. 볼프강 아마데우스 모차르트(Wolfgang Amadeus Mozart)는 〈아, 어머님께 말씀드리죠(Ah! Vous dirai-je, Maman)〉 주제에 의한 12개의 변주곡에 이 오래된 민요 멜로디를 사용해서 더 많은 청중에게 널리 알린 장본인이다. 모차르트가 〈아이네 클라이네 나흐트무지크(Eine kleine Nachtmusik)〉(소야곡)를 작곡할 때, 이 단순한 프랑스 민요에 관심을 가졌다는 사실은 놀랄 일이 아니다. 이 곡 역시 반복적인 블록 멜로디가 돋보이며 기억에 오래 남는 단순함을 갖췄다.

음악에서 반복은 기억에 오래 남기거나 관심을 끌기 위해서뿐만 아니라, 이야기를 전하려는 의도에서 영화적 기법으로 사용되기도 한다. 인물이나 장소, 사상과 관련해 반복해서 등장하는 곡조인 라이트모티프(leitmotif)는 오페라 작곡가가 자주 사용하는 음악 기법으로, 요즘에는 영화음악에 자주 사용한다. 크리스토퍼 리브(Christopher Reeve)가 출연한 원조 〈슈퍼맨(Superman)〉, 〈죠스(Jaws)〉, 〈스타워즈(Star Wars)〉, 〈레이더스(Raiders of the Lost Ark)〉에는 영화사상 가장 기억에 남는 영화음악이 등장한다. 그 음악을 전부 한 사람의 아이코니스트가 썼다는 사실은 우연이 아니다.

이 작품들에 반복 등장하는 마치 동요 같은 핵심 멜로디는 영화와 떼놓고 생각할 수 없을 정도로 달라붙어서 그 음악을 들은 순간, 영화를 봤을 때 느꼈던 감정과 에너지를 곧바로 느끼게 된다. 존 윌리엄스(John Williams)는 아주 꾸준하게 이런 멜로디를 만들었다는 점에서 블록을 대단히 의도적으로 정확하게 사용하는 아이코니스트이며, 본인도 그 사실을 알고 있을 가능성이 크다. 윌리엄스의 영화음악은 모차르트나 베토벤의 음악처럼 시간이 흘러도 분명히 남아 있을 것이다. 100년이 지나도 사람들은 윌리엄스의 음악을 들을 것이고, 그 음악은 계속해서 강한 감정을 자극할 것이다.

노래는 우리 감각을 파고들기 위해 주선율이나 대선율, 리듬 등 두드러진 반복 블록을 최대 세 가지까지 담을 수 있다. 음악가는 이런 패턴을 활용해서 블록을 적용할 수 있다. 그러나 수많은 화가, 디자이너, 그 외 예술가들과 마찬가지로 음악가들 중에도 블록을 잘 사용하는 사람이 드물다. 그러면서 대체 왜 자신이 성공을 거두지 못하는지, 청중의 마음을 끌지 못하는지 의아하게 여기는 음악가가 수두룩하다.

독특한 사운드 역시 강력한 무기가 될 수 있다. 오랫동안 활동해온 얼터너티브 록 밴드 더 댄디 워홀스(The Dandy Warhols)의 리드 싱어 코트니 테일러테일러(Courtney Taylor-Taylor) 사례를 살펴보자. 더 댄디 워홀스는 25년 넘게 함께했으며 데이비드 보위(David Bowie)가 무척 좋아했던 밴드다. 감성적인 반복 멜로디를 주로 쓰는 테일러테일러는 가장 최근에 발표한 앨범 〈와이 유 소 크레이지(Why You So Crazy)〉 작업에 어떻게 접근했는지를 직설적으로 설명했다.

● 제 경우에 다른 무엇보다도 색다른 감정이나 감정적 힘이 중요합니다. 다른 밴드나 음반과 사운드가 비슷하면 정말 잘하지 않는 이상 감정적 힘이 떨어지더군요. 모방으로 더 좋은 작품을 만들려면 정말 잘해야 하죠. 그러지 못하면 오히려 자기 무기가 무

려지죠. 자기 마음에는 들지 몰라도 그 순간에 음악을 듣는 사람에게 감정을 전달하는 힘은 약해지기 마련이에요.

다음으로 내 친한 친구이자 대단한 재능을 타고난 힙합 프로듀서 헥터 델가도(Hector Delgado) 사례를 살펴보자. 델가도는 천재다. 그가 DJ 부스에서 턴테이블 두 대를 돌릴 때면 손이 너무 빨리 움직여서 보이지 않을 정도라서, 마치 클래식 음악 교육을 받은 피아니스트의 빠르면서도 기술적인 연주를 보는 듯하다. 델가도는 오랫동안 활동하면서 제이지, 50센트(50 Cent)와 지유닛(G-Unit), 에미넴(Eminem), 더티더즌(D12), 켄드릭 라마(Kendrick Lamar), 탑독 엔터테인먼트(TDE)를 비롯해 힙합과 팝계의 수많은 슈퍼스타와 음반사들의 음악을 만들었지만, 아무도 그의 이름을 몰랐다. 격투기 선수 차엘 소넨이 종합격투기 세계에서 초기에 어려움을 겪었던 것처럼, 델가도 역시 거의 20년 동안이나 대단히 유능하게 활발한 작품 활동을 한 데 비하면 무명이나 다름없는 힙합 프로듀서로 세월을 보냈다.

나는 항상 델가도를 존경했고 그에게 내 예술 프로젝트뿐만 아니라 인생에 관한 조언도 자주 얻었다. 어느 날 그는 좌절한 얼굴로 나를 찾아와서 자기가 동료들처럼 두둑한 보수와 인정을 받지 못한다고 토로하면서, 그 이유가 무엇이라고 생각하는지 물었다. 나는 내 의견을 솔직히 털어놓기가 불편해서, 말하지 않는 편이

낫겠다고 말했다. 그래도 그는 말해달라고 고집했다. 나는 마지못해, 그가 마치 남의 밑에서 일하는 카우보이처럼 작업하고 있고 그만의 독특한 사운드, 델가도 특유의 블록 스타일이라고 할 만한 것이 없다고 말했다. 팀발랜드(Timbaland)와 퍼렐 윌리엄스(Pharrell Williams) 같은 프로듀서들은 **그들만의** 사운드를 제공하고 돈을 받는 반면, 델가도는 **상대방이 원하는** 사운드를 제공하는 것 같다고 설명했다. 덧붙여서 델가도 고유의 반복 사운드, 즉 블록에 정착한다면 사람들이 그를 알아볼 것이라고 말했다. 그러자 델가도는 자기에게도 이미 그런 사운드가 있다고 말했다.

델가도는 절절한 80년대 히트곡 비트에 포스트모던 감성을 더해, 좀 더 몽환적이고 영화 같으면서도 감정을 자극하는 음향에 집중하기 시작했다. 그의 사운드는 확고해졌고, 현재 델가도는 전 세계적으로 유명세를 떨치는 프로듀서가 됐다. 델가도는 스타 프로듀서인 데인저 마우스(Danger Mouse)와 함께 작업하면서, 2015년에 가장 큰 성공을 거둔 음반 중 하나이자 빌보드200 차트에 1위로 진입한 에이셉 라키(A$AP Rocky)의 〈앳.롱.래스트.에이셉(AT.LONG.LAST.A$AP)〉 앨범에 공동 프로듀서로 참여했다. 어두우면서도 감각적인 비트를 살린 델가도의 발라드 리듬은 초대형 스타 라키의 몽환적인 클라우드 랩 사운드에 매끄럽게 녹아들었다. 델가도에게 어떻게 자신의 스타일을 찾았는지 묻자, 그는 그저 "사람은 누구나 익숙한 쪽으로 기울기 마련이지. 나는 80년대의 자식이잖아"라고 말했다. 델가도는 언론의 관심과 찬사를 받았고 앞으로도 계속 받을 것이며, 이제 자기만의 스타일을 가진 당당한 슈퍼 프로듀서다.

대중음악을 비롯해 대규모 수요를 기반으로 성공을 거두는 아티스트는 블록, 즉 **빈번하게 반복되며 두드러지는 멜로디를 항상 사용**한다.

팝 음악에서 다른 사례를 들어보자. 수백만 장에 이르는 앨범 판매량을 자랑하는 록 밴드 레이지 어게인스트 더 머신(Rage Against the Machine)은 1992년에 밴드명과 동일한 이름의 데뷔 앨범을 냈고, 그 앨범의 첫 번째 싱글 곡으로 유명해졌다. 10년에 걸쳐 앨범 세 장을 더 발표했고, 창작 측면에서 밴드는 전성기를 누리며 팬들 사이에도 인지도를 높였지만, 첫 번째 싱글 곡 〈킬링 인 더 네임(Killing in the Name)〉은 여전히 레이지 어게인스트 더 머신의 대표곡이다. 이 곡은 인종 차별과 경찰의 만행에 반대하는 현세대 젊은이들에게 가장 큰 영향을 미친 노래 중 한 곡으로 꼽힌다.

이 곡은 전통적인 구조를 따르지 않는다. 그 대신 강렬하고 반복적인 멜로디를 연달아서 들려준다. 모든 가사가 계속해서 반복되며, '킬링 인 더 네임 오브(killing in the name of)'라는 구절은 적어도 다섯 번 이상 공격적으로 등장한다. 이 구절이 듣는 이를 끌어당기는 후크이자 여러 블록 중 하나로서 기능한다. 5분 남짓한 이 곡은 리드 싱어 잭 데 라 로차(Zack de la Rocha)가 거의 스물다섯 번에 걸쳐 외치는 "그리고 지금 너는 그들이 시키는 대로 하지(And now you do what they told ya)"라는 구호 같은 가사에 초점을 맞춘다. 이처럼 의도적인 반복을 통해 "그리고 지금 너는 그들이 시키는 대로 하지"라는 구절을 또 다른 블록으로 탈바꿈하고 감정을 부여한다. 강렬한 가사로 관심을 끄는 것이다. 이 노래를 듣는 사람은 즉시 이 블록 구절에 집중하게 된다. 다른 선택권은 없다.

개인적으로 권리를 박탈당했다고 느끼든 그렇지 않든 간에, 남들이 시키는 대로 하는 꼭두각시라는 말을 듣고 싶어 하는 사람은 아무도 없다(이 가사가 정서적으로 수많은 사람의 공감을 이끌어낸 이유다). 노래가 절정을 지난 후에 데 라 로차는 앞에서 언급한 블록 가사를 반항적으로 비꼬아서, "집어치워, 난 네가 시키는 대로 하지 않을 거야!(Fuck you, I won't do what you tell me!)"라고 리듬을 타면서 반복한다.

레이지 어게인스트 더 머신은 1990년대에 가장 큰 영향을 미친 하드 록 그룹 중 하나였다. 이 밴드의 성공은 횡재도 우연도 아니었다. 리드 기타리스트이자 데 라 로차와 함께 밴드를 결성한 톰 모렐로(Tom Morello)는 하버드대학교에서 사회학을 전공했다. 〈킬링 인 더 네임〉은 공격적이고 대단히 단순한 곡이지만, 나는 데 라 로차와 모렐로가 철저한 계획을 바탕으로 이 곡을 만들었을 것이라고 생각한다.

곡이 발표된 지 20년이 지난 뒤, 음악 잡지 〈스핀(Spin)〉이 이 노래가 미친 영향력을 다룬 기획 기사를 실었다. 이 기사에서 음악 프로듀서 가스 리처드슨(Garth Richardson)은 "사실 나는 충격을 받았습니다"라고 말했다. 그는 레이지 어게인스트 더 머신이 이 곡을 처음으로 들려줬을 때를 떠올리면서, "무슨 찬가 같았죠. 그때나 지금이나 여전히 애들이 느끼는 바는 똑같아요. 열여섯, 열일곱 살 무렵에는 누구나 부모를 미워하죠"라고 말했다. 이 곡의 가사는 독립을 고집하고 통제당하기 싫어하는 십대 청소년들의 보편적인 욕구와 연결된다.

〈킬링 인 더 네임〉은 단순한 구절을 반복함으로써 듣는 사람을 즉시 끌어당기지만, 그러고 나면 잠재적인 팬들은 표면적인 에너지와 노골적인 가사 이면에 깔린 난해함과 메시지에 기꺼이 귀 기울인다.

우리는 케이크를 가지는 동시에 먹을 수 있었다.
모든 노래, 모든 티셔츠로 우리가 하고 싶었던 바를
그야말로 순수하게 표현하며,
이로써 사람들과 연결된다.

톰 모렐로

지구 곳곳에서 선풍을 일으켰던 라디오헤드(Radiohead)는 라디오에 거의 나오지 않고도 전 세계적으로 3,000만 장이 넘는 앨범 판매를 기록했다. 아홉 장의 정규 앨범에서 리드 보컬 톰 요크(Thom Yorke)는 거의 모든 노래에 걸쳐 단순한 동요 같은 주요 멜로디, 즉 블록을 계속 반복한다. 듣는 사람들이 요크가 부르는 노래 가사를 제대로 알아듣지 못할 때도 있지만, 이처럼 블록을 대담하고 철저하게 반복해서 사용한 덕분에 라디오헤드는 세계에서 가장 성공한 인지도 높은 밴드가 됐다. 레이지 어게인스트 더 머신이 사용한 반복 구절처럼 공격적으로 되풀이되는 라디오헤드의 멜로디 역시 듣는 이를 사로잡고 놓치지 않는다. 블록은 이처럼 강력하다. 다른 블록들과 마찬가지로 멜로디 역시 많은 정보와 기억을 다시 떠올리게 할 수 있다.

마이클 잭슨 역시 사람들을 자기 노래로 끌어들이고자 반복적이고 요란하며 공격적인 블록을 사용했다. '마마 세이, 마마 사, 마마 쿠사(mama-say, mama-sa, mama-coosa)'(〈스릴러〉 앨범 수록곡 〈워너 비 스타팅 섬싱[Wanna Be Startin' Somethin']〉의 후렴구 – 옮긴이)를 열 번 넘게 외치는 부분이 중독성을 나타내는 이유나 마돈나의 〈라이크 어 버진(Like a Virgin)〉과 베토벤의 '바–바–바–밤!'이 오랜 세월이 흘러도 사랑받는 이유 역시 마찬가지다. 무명의 천재와 혁신가들이 블록 사용법을 모르는 바람에 우리가 놓쳤던, 혹은 놓치고 있는 눈부신 업적이 얼마나 많을까?

한 가지 분명히 해두자면 모든 것이 극도로 단순해야 할 필요는 없다. 아서 러셀(Arthur Russell)과 존 케이지(John Cage)는 내가 사랑하는 예술가들이다. 이들의 이름을 한 번도 들어본 적 없는 사람들도 많을 것이다. 브리트니 스피어스(Britney Spears) 같은 팝 슈퍼스타에 비하면 이들은 분명 무명이다. 러셀과 케이지는 대중성을 가장 중요하게 여기지 않았던 실험적인 예술가다. 이들은 자기가 어떤 사람인지 잘 알고 있었다.

내가 하고자 하는 얘기는 모든 사람이 무엇이 관심을 끄는지 알고, 자신이 원하는 쪽을 선택할 수 있어야 한다는 것이다. 만약 블록 멜로디가 품고 있는 힘을 잘 모르는 음악가가 있다면 그 사람은 영문도 모른 채 인기를 누리지 못할 것이다. 팝 음악계의 전설 퀸시 존스(Quincy Jones)는 멜로디의 절대적 권위를 한결같이 신성시한다. "멜로디는 왕이고, 그 사실을 절대 잊어서는 안 됩니다. 가사가 전면에 드러나 보이지만 실은 그게 핵심이 아니에요. 가사는 그저 딸려오는 요소일 뿐입니다."

멜로디는 신의 목소리입니다.
가사라는 옷을 걸치고 있지만 멜로디는 신의 목소리죠.
그것이 바로 힘입니다.

퀸시 존스

블록을 이해하면, 무슨 일을 하든지 누구나 그저 운에 맡기는 대신 자기 목소리를 들려주기를 선택할 수 있다. 블록은 도구다. 화가가 색상을 선택하거나 작곡가가 화음 진행을 선택하듯이, 블록도 이와 똑같이 봐야 한다.

블록은 확신이 된다 : 연설문 속 블록

14

끊임없이 반복하면 확신이 담긴다.

로버트 콜리어(Robert Collier), 《당신이 잡을 수 있는 부(Riches Within Your Reach)》

"내게는 꿈이 있습니다. 언젠가 이 나라가 떨쳐 일어나 진정한 의미의 국가 이념을 실천하리라는 꿈, 이런 진리를 당연하게 받아들이리라는 꿈입니다." 1963년 8월 말, 워싱턴DC에서 전한 이 담대한 연설에서 마틴 루터 킹(Martin Luther King Jr.) 목사는 미국을 상대로 진정으로 자유롭고 평등한 사회로서 그 잠재력에 부응하라고 촉구했다.

이는 분명 불후의 명연설이다. 이 연설이 수십 년이 지난 지금도 사람들의 심금을 울리면서 가장 설득력 있는 연설 중 하나로 미국 역사를 넘어 세계사에 각인된 이유를 살펴보기로 하자. 50여 년이 지난 지금도 이 연설을 곧바로 알아차릴 수 있는 까닭은 킹 목사가 연설 후반부에 사용한 블록 문장 두 개에서 찾아볼 수 있다. 킹 목사는 비교적 짧은 이 연설에서 "내게는 꿈이 있습니다"와 "자유가 울려 퍼지게 합시다"라는 문장을 7~10차례에 걸쳐 반복하면서 거의 동일한 방식으로 사용했다. 킹 목사는 이 블록 문장을 대략 85개 단어마다 한 차례씩 사용한다.

● **내게는 꿈이 있습니다**

내게는 꿈이 있습니다.
내게는 꿈이 있습니다.
내게는 꿈이 있습니다.
내게는 꿈이 있습니다. …… 내게는 꿈이 있습니다.
내게는 꿈이 있습니다. …… 내게는 꿈이 있습니다.
내게는 꿈이 있습니다.

자유가 울려 퍼지게 합시다.
자유가 울려 퍼지게 합시다.……자유가 울려 퍼지게 합시다. ……
자유가 울려 퍼지게 합시다.……자유가 울려 퍼지게 합시다. ……
자유가 울려 퍼지게 합시다.……자유가 울려 퍼지게 합시다. ……

자유가 울려 퍼지게 합시다.……자유가 울려 퍼지게 합시다.

그리고 이런 일이 일어난다면, **자유가 울려 퍼지게** 한다면, 모든 마을과 촌락, 모든 주와 도시에 울려 퍼지게 한다면, 우리는 하나님의 모든 자손, 흑인과 백인, 유태인과 이방인, 개신교 신자와 가톨릭 신자들이 손을 맞잡고 옛 흑인 영가를 함께 부를 수 있는 그날을 앞당길 수 있을 것입니다.

마침내 자유를! 마침내 자유를!
전지전능하신 하나님, 감사합니다. 마침내 우리가 자유를 얻었습니다!

킹 목사의 블록 선언문 "내게는 꿈이 있습니다"와 "자유가 울려 퍼지게 합시다"를 들으면, 이 연설문의 중요하고 구체적인 다른 부분도 함께 떠오른다. 이 블록 문장은 우리가 베토벤이 작곡한 유명 작품이나 세계 7대 불가사의를 금방 알아볼 수 있도록 돕는 바로 그 자연법칙을 따른다. 우리가 반 고흐 작품이 지닌 생생한 심상을 떠올릴 수 있는 과정과도 동일하다. 언어나 멜로디, 메시지나 그림을 막론하고 특이하고 포괄적이며 우세한 단일 개념을 반복하면 반드시 효력을 나타낸다. 이는 우리가 외부 사물을 인식하고 이해해서 머릿속 금고에 저장하는 기계적이고 자동적인 방식이다. 킹 목사의 연설을 읽거나 들을 때, 전체 연설문 속 블록 문장이 반복되면서 닻 역할을 수행한다.

"내게는 꿈이 있습니다"나 "자유가 울려 퍼지게 합시다"라는 말만으로도 인권, 정의, 평등에 관한 복잡한 생각과 감정을 세차게 불러일으키기에 충분하다. 킹 목사의 두 아이콘 문장은 방대한 양의 난해한 역사 정보를 우리 뇌에 새기고 퍼트리도록 돕는다. 킹 목사의 블록 문장은 이 연설 특유의 운율뿐만 아니라 미국 인권 운동의 역사까지 떠올리게 하는 아이콘이 됐다.

짧은 문장으로 즉시 인식할 수 있도록 구성한 블록 문구에 감정적인 의도를 실어 반복하면, 그 문장은 마치 짐 나르는 노새처럼 무수한 복잡성을 담을 수 있다.

킹 목사가 평화를 기원하는 찬가로 블록을 사용한 반면, 그보다 약 20년 전 대서양 건너편 영국에서 한 정치인은 전쟁이 한창이던 비참한 상황에서 전 국민을 일으켜 세우고자 했다. 1940년 6월 4일, 영국 총리 윈스턴 처칠(Winston Churchill)은 나치에 맞서 싸우는 전쟁에 지지를 모으고자 하원 의사당에서 연설을 했다. 의도했는지 여부는 알 수 없으나 처칠은 블록을 사용했고, 많은 사람들이 그 연설을 처칠 인생에 가장 큰 영향력을 끼친 연설로 생각한다. 그 연설은 다음과 같은 유명한 구절로 끝난다.

- 우리는 끝까지 갈 것입니다. **우리는** 프랑스에서 **싸울 것**이고, 우

리는 바다와 대양에서 **싸울 것**입니다. **우리는** 자신감과 힘을 길러 하늘에서 **싸울 것**이며, 어떤 대가를 치르더라도 우리 땅을 **지켜낼 것**입니다. **우리는** 해변에서 **싸울 것**이며, **우리는** 비행장에서도 **싸울 것**입니다. **우리는** 들판과 거리에서 **싸울 것**이며 **우리는** 언덕에서도 **싸울 것**입니다. **우리는 결코 항복하지 않을 것입니다.**

"우리는 싸울 것"이라는 구절은 블록이며, 이를 반복함으로써 처칠의 확고한 입장을 강화하고 청중의 마음속에 그 태도를 굳게 새긴다. 자기 자신을 지킨다는 생각은 보편적인 개념으로, 우리 모두의 안에 있는 '옳은 것을 위해 싸운다'는 원초적인 욕구까지 거슬러 올라가서 이어진다.

독재에 대항한 투쟁이든 길거리 불량배에 맞서는 싸움이든, 사람들은 옳은 일을 지지하고 명백하게 나쁜 행동에 맞서자는 생각에 긍정적으로 반응한다. 처칠은 이 보편적인 주제에 맞게 메시지를 다듬어서 자기 연설을 듣는 모든 청중에게 감정을 불러일으킬 수 있었다. 이 짧은 구절이 긴 연설에서 차지하는 비중은 작지만, 처칠은 반복을 적절하게 활용해서 연설 전체를 기억하기 쉽게 구성했다. 오늘날 이 연설을 가리켜 '우리는 해변에서 싸울 것입니다'라고 부르게 된 계기도 여기에 있다. 이 연설은 총 3,774개 단어로 이뤄졌다. 그중 "우리는 싸울 것입니다"라는 말을 일곱 번밖에 언급되지 않는다. 이 문장은 연설을 마무리할 때쯤에야 나온다. 잘 다듬어진, 감정에 호소하는 아이콘을 짧게 되풀이한 것만으로 이 연설은 20세기 가장 강렬한 연설문 중 하나가 되었으며, 그 취지도 잘 담아냈다.

당신이 맡은 직무에 전시(戰時) 정치의 엄숙함이 따르지 않거나 당신이 평화주의자라고 할지라도 처칠에게 배울 점은 있다. 심리과학협회(Association for Psychological Science)가 〈실험사회심리학저널(*Journal of Experimental Social Psychology*)〉에 발표한 연구에서, 프레젠테이션을 할 때 어떤 요점을 반복하면 참석자 중 70퍼센트가 그 반복되는 관점에 관련된 자신의 최초 입장을 긍정적인 방향으로 수정한다는 사실을 밝혔다.

수전 앤서니(Susan B. Anthony), 마하트마 간디(Mahatma Gandhi), 아웅산 수치(Aung San Suu Kyi) 필생의 업적과 말을 생각해보라. 또한 이들만큼이나 소신 있고 강렬하게 전력을 기울였으나 연설은 그리 기억에 남지 않는 수많은 유명 활동가를 떠올려보라. 넬슨 만델라(Nelson Mandela)는 세상을 바꿨지만 연설문만큼은 킹 목사나 처칠만큼 오래오래 기억에 남기지 못한 아주 적절한 사례다. 걸출하고 전설적인 인물인 만델라는 열띤 대중 연설을 수십, 수백 번이나 했고 한 국가를 해방했다. 하지만 그는 블록을 사용하지 않았고, 우리는 블록을 사용하지 않은 내용은 잘 떠올리지 못한다. **불편하게 느껴질 수도 있겠지만, 반복에 익숙해지도록 노력**

하라. 그러면 청중은 당신을 한층 더 잘 기억할 것이다.

정말이지 단순하다. 블록을 사용하거나 아이콘이 된 관념, 개념, 예술은 사람들이 하던 일을 멈추고 관심을 기울여 대상을 기억하고, 나아가 복잡한 세부 사항까지 알아보도록 이끄는 가장 효과적인 도구다. 사실과 기억, 감정은 이를 이끌어내는 단순한 아이콘에 비해서 엄청나게 많은 정보를 담고 있는 경우가 많다. 아이들이 갖고 노는 장난감 블록에서 알 수 있듯이 인간의 정신은 본디 복잡한 내용을 크고 대담하며 단순한 개념 및 물체, 즉 도로 표지판만큼이나 눈길을 끌고 알아보기 쉬운 사물과 연관 짓고 싶어 한다.

어릴 때 들었던 친숙한 멜로디처럼, 연설이나 프레젠테이션에서 반복되는 블록은 당신이 이전에 겪었던 풍부한 감정과 세부 사항을 즉시 전달하거나 이런 정서를 미래까지 이어지게 할 수 있다. 이런 현상은 후각이나 미각 등 다른 종류의 감각 체험에도 마찬가지로 적용된다. 아이콘은 바로 이런 식으로 작용한다. 아이콘은 복잡하고 아름다우며 중요한 경험을 전달하는 운반 장치다.

The ICONIST

3부

자기만의 블록으로
아이코니스트가 된 사람들

어디서나 눈에 띄는 도로 표지판처럼

15

가장 훌륭한 책은 …… 우리가 이미 알고 있는 내용을 말해주는 책이다.

조지 오웰, 《1984》

학교 앞 횡단보도 표지판이나 독극물 경고 표시처럼, 우리는 생사가 달린 문제와 관련된 정보 전달에 본능적으로 블록을 사용한다. 조난 신호, 긴급 대응 신호, 도로명 표지판, 안전 라벨 등은 우리가 블록을 사용해서 서로에게 정보를 전달하는 사례다. 우리는 이처럼 주의를 끌고, 복잡한 정보를 재빨리 전달하며, 겉으로 보이는 대상 이면에 좀 더 중요한 문제가 있다는 사실을 다른 사람들에게 알리고자 블록을 사용한다.

우리가 블록을 바탕으로 한 아이콘으로서의 표지(標識)에 의지하는 이유는, 움직이는 강철 덩어리가 일제히 우리 쪽으로 달려올 수 있다거나 위험한 화학 물질을 섭취하면 아프거나 심지어 사망에 이를 수 있다는 사실을 즉각적으로 알리기 위해서다. 다들 알겠지만, 금방 눈에 띄는 상징이 없으면 중요한 정보를 빠르게 전달하기 어렵다.

우리 사회는 도로 표지판이나 중장비부터 감기약에 이르는 각종 물품에 부착하는 경고 라벨 도안을 만들 때, 이런 원칙을 아주 자연스럽게 사용하고 있다. 그 원칙이 분명히 효과를 발휘하고 있는데도, 우리는 그 힘이 일상생활, 나아가 개인의 열망과 직업적 포부를 어떻게 완전히 바꿔놓을 수 있는지 실감하지 못한다.

어떤 문장이나 중요한 발상을 다듬을 때, 어떻게 하면 그것이 앞서 말한 도로 표지판이나 경고 라벨처럼 보일 수 있을지 상상해보라. 그런 노력을 기울이면 당신이 드러내고 싶었던 예술품이나 음악, 그 외 발상의 가시성이 금방 눈에 띄게 향상될 것이다. 블록은 도로 표지판처럼, 지나치게 북적이는 이 세상에서 정보를 전달할 수 있는 유일한 희망과도 같다. 그러므로 우리는 각자의 의도에 따라 공들여 블록을 만들어야 한다.

아이러니하게도 우리는 조지 오웰이 디스토피아 악몽을 그린 소설 《1984》에서 이야기한 거의 모든 언어 수법을 매일같이 공익을 위해 사용한다. 지극히 단순한 의사소통으로 통제력을 발휘하는 암울한 (이제 우리의 과거가 된) 미래 사회를 묘사하면서 오웰

독극물

방사선 구역

인화성 가스

이 빠트린 내용은, 바로 인간이 사람들을 조종하려고 할 때뿐 아니라 모든 정보를 흔히 이런 식으로 주고받는다는 사실이다. 오웰이 분명하게 말했듯이, 아무리 터무니없는 내용이라도 동일한 말을 계속해서 되풀이하면 결국에는 사람들의 뇌리에 박힌다. 정보를 블록으로 만드는 행위 자체가 비도덕적인 것은 아니다. 이는 인간이 쏟아지는 정보를 지각하고 간직하는 하나의 방식일 뿐이다. 그리고 내용의 본질과 무관하게 우리 마음은 블록에 빠져든다.

도로 표지판의 역할은 우리를 위험에서 보호하는 데 그치지 않는다. 도로 표지판은 우리가 가고 싶은 곳에 도달할 수 있도록 도와주기도 한다. 도시 구간을 지나는 고속도로 위를 달리고 있다고 상상해보라. 옥외 광고를 금지하기 이전 상파울루처럼, 무엇이 중요한지 구별하기 어려울 만큼 많은 광고판과 출구 표지판이 뒤얽혀 있다. 이런 고속도로에서 우리는 어디로 가야 하는지 명쾌하게 알려주는 크고 선명한 녹색 도로 표지판만 의식한다. 우리가 도달하려는 위치나 필요를 충족시켜줄 장소를 가리키는 표지판만 따라갈 뿐이다. 다른 표지판보다 더 크고 밝고 분명하며 진실된 표지판이 바로 우리가 봐야 하고 우리에게 자신감을 심어줄 표지판이다. 우리 욕구에 호소하는 표지판이 있다면, 우리는 혼돈의 바다에서 반짝이는 분명한 신호인 그 표지판을 따라갈 것이다.

분명하고 명백한 진술은 그 진실 여부를 손쉽게 밝힐 수 있다는 점에서, 블록은 신뢰성을 높이는 데도 기여한다. 어떤 매체를 사용하건, 블록을 구성하는 최선의 방법을 알고 있다면 아무리 복잡한 발상이라도 더 빠르고 훨씬 강력하게, 효과적으로 전달할 수 있다. 눈길을 끄는 블록은 복잡하게 얽힌 병목 지역에 서 있는 일단정지 표지판처럼 두드러지면서 필요한 정보를 나타내기 때문에, 겨냥하는 대상의 관심을 사로잡고 끌어당긴다.

도로 표지판 사용은 현재 우리 지형에서 필요한 정보를 전달하는 가장 효과적인 방법이다. 도로 표지판을 사용하지 않는다면 운전자는 자기가 원하는 목적지로 향하지 않는 엉뚱한 출구로 빠져나갈 가능성이 높다.

도로 표지판에서 얻을 수 있는 또 하나의 중요한 교훈은 바로 아무리 다른 블록이 많아도, 또 흔한 블록이라도 효과를 발휘한다는 사실이다. 도로 표지판 같은 구조물 형태의 블록은 인간이 자연스럽게 이끌리는 대상을 이용한다. 도로 표지판과 경고 라벨은 이 세상에 그와 비슷한 표식이 아무리 많더라도 작동한다. 이는 블록이 우리가 세상을 이해하는 원시적이고 본능적인 방식을 파고들기 때문이다.

우리는 무언가를 단순히 선호하는 데 그치지 않고, 나아가 그에 관한 상세한 정보가 즉시 쉽게 이해할 수 있는 단순하고 단일한 형태·개념과 연결되기를 갈망한다. 고속도로 출구 표지판에 적힌 장소가 거대한 녹색 직사각형에 표시되지 않는다면 우리는 이를 못 보고 지나쳐서 출구를 놓치게 될 것이다. 너무 단순하게 보일 수도 있다. 그러나 누군가에게 도움을 줄 수 있다고 설득하거나 이들에게서 자신이 원하는 바를 얻고자 할 때, 너무 많은 사람들이 혼란스러운 메시지를 늘어놓거나 쓸데없이 시간을 낭비하곤 한다.

앞으로 어떤 일에 관여하든, 우리는 모두 초고속 정보 통신망이라는 고속도로를 타고 맹렬하게 돌진할 것이다. 처리할 수 있는 양보다 더 많은 정보가 쏟아지는 상황에서 올바른 출구로 빠져나가려면, 우리는 목적지로 인도해줄 것 같은 표지판을 따라가야 한다. 사람들은 자기가 나가야 할 출구 정보만 챙기고 그들의 여정과 무관한 정보는 버릴 것이다. 이 사실을 반드시 기억하라. 우리는 차를 타고 어디론가 가고 있을 때 다른 도로 표지판이 더 좋아 보인다는 이유만으로 목적지를 바꾸지는 않는다. 또한 당신이 목표 대상에게 다가가려고 할 때, 당신이 제공하려는 것에 이미 등 돌린 사람에게 손을 내밀지는 않을 것이다.

그러니 '무엇이든' 현수막처럼 크고 넓게 펼쳐라. 블록은 거대하게 전시하지 않으면 제대로 작동하지 않는다. 이는 무척 중요하다. 도로 표지판을 찾는 사람들에게 원하는 표지판을 보여줘라. 당신이 해결한 문제나 달성한 성과를 드러내서 말하라. "우리는 당신 남편이 어설프게 손봤던 곳을 말끔하게 고쳐드립니다"라고 대놓고 말하는 배관공처럼.

당신은 자신의 약속을 그 본질, 즉 블록만 남도록 축약하고 이를 지겹도록 반복해야 한다. 무엇보다도 운전자가 이미 향하고 있는 방향, 즉 주된 감정적 관심사에 부합하는 방식으로 해야 한다.

메시징의 미래는, 복잡다단하고 정보로 얼룩진 세상에서 우리가 서로를 찾을 수 있을 것인가에 달렸다. 당신이 내보이는 표시는 뒤죽박죽일 수도 있고, 간결한 단일체 블록일 수도 있으며, 그 중간 어디쯤에 속할 수도 있다. 당신은 현재 당신이 내보이는 표시를 스스로 도로 표지판과 같다고 생각할 수도 있다. 하지만 과연 그것이 목표로 삼은 상대의 주요 관심사에 직접 호소하는가? 아니면 너무 산만해서 아무 내용도 없는 것과 마찬가지인 셈인가? 혹시 당신은 허공에 대고 아무 말이나 던지고 있지는 않은가?

서투르더라도 꾸준히 블록 원칙과 인간 지각의 원시적 법칙을 적용한다면, 누구라도 자신을 돋보이게 만들 수 있을 것이다. 당신이 겨냥하는 대상에게 그들이 찾는 표지판에 들어맞는 대담하고 일관된 방식으로 말하는 것이 중요하다. 당신이 들려주고 싶은 바를 전달하려면 표지판은 반드시 지나칠 정도로 커야, 마치 일단정지 표지판처럼 정말 거대해야 한다. 또한 당신이 표적으로 삼은 운전자가 순식간에 이해할 수 있는 사실만을 담은 반복적이고 분명한 메시지여야 한다. 당신은 그 메시지를 고객과 만날 때마다 '크게' 말해야 한다. 사람들은 자기가 찾고 있는 그림이나 음악, 디자인, 발상 등에만 반응할 것이다. 도로 표지판은 자신이 찾던 것을 볼 수 있도록 사람들을 도울 뿐이다.

나이키 운동화와 월 드럭 스토어 16

좋은 교사는 훌륭한 연예인처럼 먼저 관중의 관심을 끌어야 한다.
그런 다음에야 비로소 가르침을 줄 수 있다.

존 헨릭 클라크(John Henrik Clarke), 〈정체성을 찾아서(A Search for Identity)〉

'가던 길을 멈추고 장미향을 맡는 일'은 언뜻 평범해 보일 수 있지만, 이 상투적인 행동은 인간에게 아주 강력한 의미를 지닌다. '가던 길을 멈추고 장미향을 맡는 일'은 오래전부터 시간을 내서 무엇인가를 만끽하는 행위를 비유하는 말이었다.

우연하게도 이는 진정한 아이코니스트의 목표와 정확히 일치한다. 당신은 지금 누군가가 발걸음을 멈추고 당신을 보면서 당신이 제공하는 것에 집중하게 만들려고 한다. 흥미롭게도 오래전부터 있었던 여느 진부한 표현들과 마찬가지로, '가던 길을 멈추고 장미향을 맡는다는 말'은 계속 반복해서 사용되면서 표면상으로 드러나는 뜻보다 훨씬 더 복잡한 개념이 됐다.

지금쯤이면 당신은 이 세상에 수많은 선택지가 존재하는 바람에 당신의 목표 대상이 당신을 보게 하기가 지극히 어려워졌다는 사실을 알고 있을 것이다. 온갖 선택지가 난무하는 가운데 그들이 당신과 간신히 연결됐다고 하더라도 과연 그들이 당신을 분명하게 보고 있을까?

우리는 이제 모두 아이코니스트처럼 생각해야 한다.

당신이 처음으로 세상에 내놓으려는 콘텐츠를 줄이면 희석 문제는 부분적으로나마 해결될 수 있다. 전면에 내세울 선택지를 제한하고, 똑똑하고 감성적이며 공격적인 진정한 블록을 두드러지기 위한 진입 지점으로 활용한다면, 타깃을 사로잡을 수 있다. 이렇게 두드러진 연결 고리를 만든 후에야 타깃이 당신이 제공하는 콘텐츠의 좀 더 복잡한 측면을 발견하려는 노력을 기울이도록 끌어들일 수 있다. 이 말은 당신이 복잡한 발상을 하고 있거나 건실한 제품 라인을 갖고 있다고 할지라도, 여전히 블록을 사용해야 한다는 뜻이다. 당신은 그저 무엇으로 시작할 것인지 결정하면 된다.

블록을 사용하려면 당신이 손을 내밀려는 사람의 관점에서 세상을 보기 시작해야 한다.

당신, 당신의 브랜드, 당신의 예술, 혹은 당신의 신념은 어떻게 알려져 있는가? 당신은 사람들에게 어떻게 기억되고 있는가?

당신이 하는 일에서 시작하되 투명하게, 반복해서, 감정에 호소하며, 힘이 닿는 한 가장 크게 말하라. 그렇게 하지 않으면 아예 말하지 않는 것이나 다름없다.

전면에 내세울 정보는 블록 문장과 시각 이미지를 통틀어 세 개 이하로 제한하라. 그렇게 결정한 세 개 이하의 시각 혹은 감정 블록으로 먼저 시작하고 나중에 좀 더 복잡한 데이터를 제시한다면, 타깃이 결정을 내리는 데 필요한 구체적인 정보나 기술 정보를 좀 더 많이 받아들일 수 있을 것이다.

다음의 가상 광고는 투박하지만 분명한 사례다. 첫 지면에 제품이나 서비스, 발상에 관한 대담한 중심 이미지를 제시한다. 그 이미지 위나 아래에 목표 고객의 감정적 욕구에 호소하는 블록 문장을 배치한다. 대담하고 투명한 블록 문장은 당신이 대상 고객을 이해하고 있으며 이를 기꺼이 말한다고, 그것도 큰 소리로 외친다고 알린다. 이런 대담함이 당신이 자기 일에 전념하고 있다는 정보를 전달한다.

블록 선택지를 몇 가지로 제한함으로써 목표 대상에게 접근점을 제공하고 관심을 끌어당길 수 있다. 닥치는 대로 어지럽게 정보를 전달하려고 하면 거부당할 수밖에 없고 결국 잊힌다. 당신의 목표 대상이 관심을 가진 정보는 그들에게 와닿기 마련이다. 목표 대상이 관심을 가지는 내용을 전면에 내세우면, 그들이 좀 더 복

장인 정신을 담은
정통 유러피안 잼

장인 정신을 담아 수백 년 동안
유럽에서 전해져온 비법으로 만들었습니다.
과일을 통째로 사용하여 설탕을 첨가하지 않고
산미를 그대로 살렸습니다.
유럽 정통의 방식으로 만든 시그니처 잼이
입안 가득 선사하는 달콤한 맛의 향연을 즐기세요.

잡한 정보도 기꺼이 들여다보도록 이끄는 신뢰성을 금방 구축할 수 있다.

앞에 실은 잼 광고는 고객이 잼을 좋아하는 이유를 이해하고 이를 직접 언급하므로, 그 잼을 좋아하는 사람들의 마음을 움직일 것이다(이 예에서는 한 면만 이용했지만, 여러 면을 쓴다면 반드시 각 면 상단에 블록을 대담하고 크게 반복하고, 선택지를 최소한으로 유지하라).

광고지 전면에 당신이 판매하는 모든 잼 종류를 내세운다면, 그 광고를 본 고객들은 짓눌리고 울렁거리는 듯한 기분을 느낄 것이다. 그리고 당신은 결국 고객을 잃게 될 것이다. 첫눈에 알 수 있도록 단순한 메시지를 제시해야 고객과 고객의 흥미를 얻을 수 있다.

블록이나 아이콘은 슬로건이 아니라는 사실을 명심해야 한다. 블록과 아이콘은 당신의 목적이나 성취에 대한 서술이다. 이는 당신이 고객의 요구나 흥미, 욕망에 전념하고 있다는 점을 고객에게 알려준다. 또 당신이 시간을 내서 고객을 이해하고자 노력하고 있다는 사실도 그들에게 알려주므로 즉시 신뢰감을 유발한다. 당신이 만든 블록이 잠재적 고객 혹은 관중이 마음을 움직일 만한 요소를 담고 있고, 이를 충분히 크고 시끄럽게 외친다면, 그것은 완전히 새로운 의미를 띠게 된다.

잼 애호가들이 왜 잼을 좋아하는지 제대로 파악했다면, 그 개념에 맞게 블록을 빚어야 한다. 만약 이를 완벽하게 해낸다면, 즉 딱 알맞은 블록을 만든다면, 그 블록은 잼 애호가의 심금을 울릴 것이다. 문제는 이런 메시지를 만드는 사람들이 대부분 자기 고객이 잼을 좋아하는 **이유**를 제대로 이해하지 못한다는 데 있다. 잼 공급업자들은 자신이 잼을 만드는 데 **기울이는 노력**에 더 신경을 쓰는 경향이 있다. 즉 서비스를 제공하는 상대가 아니라 자기 자신에게 더 관심을 기울인다.

유명한 신발 디자이너 드웨인 에드워즈(D'Wayne Edwards)는 한 인터뷰에서 "디자이너들이 가장 많이 하는 실수는, 소비자를 생각하지 않고 자기 자신을 먼저 생각한다는 겁니다"라고 말했다.

에드워즈는 1970년대에 캘리포니아주 사우스센트럴로스앤젤레스 중심부에 있는 잉글우드에서 자랐다. 에드워즈는 어릴 때 두 형제를 각각 질병과 사고로 잃었다. 이런 시련을 겪었지만 다행히 스포츠에 대한 애정을 비롯해 그가 하는 모든 활동을 격려해준 좋은 엄마가 있었다. 에드워즈는 이미 어릴 때부터 자신의 영웅인 프로 운동선수들을 코트나 경기장에서 흉내 내기보다 그들을 그리는 데 더 큰 흥미를 느꼈다.

에드워즈는 모든 관습을 의심하고 생활 속에서 효율적이지 않은 모든 것을 무시하는, 어떤 일에서든 독특한 사람이다. 이는 무술가이자 철학자인 이소룡(Bruce Lee)의 무술과 삶에 대한 철학을 반영한다. 에드워즈가 전설적인 격투가이자 혁신가였던 이소룡을 존경한다는 사실은 전혀 놀라운 일이 아니다. 혁신가이자 철학가, 또 예술가로서 이소룡은 일반적인 관습을 깊이 들여다보고 이를 더 좋게 바꾸는 능력을 갖추고 있었다.

유용한 것에 맞추고, 무용한 것을 거부하고,
자기만의 것을 더하라.

이소룡

어릴 적에 에드워즈는 강하면서도 우아한 운동선수들을 즐겨 그렸다. 에드워즈는 좋아하는 선수들이 신고 있는 신발에 끌리기 시작했다. 그는 그림을 그릴 때 자신이 신발을 가장 세세하게 표현한다는 사실을 깨달았고, 열두 살이 됐을 무렵에는 더 이상 운동선수들을 그리지 않고 신발만 그리기 시작했다.

  1970년대 후반에서 1980년대 초반에 나온 운동화들은 화려하고 상징적이었지만, 유행에 밝은 운동화 디자이너라는 직업은 여전히 존재하지 않았다. 신발을 캐주얼웨어나 미국 청년 문화의 자기표현 유형으로 여기는 분위기가 아직 없었다. 패션 블로그 미스터포터(MR PORTER)가 알려줬듯이, 그런 분위기는 힙합 그룹 런디엠시(Run-DMC)가 1986년에 내놓은 운동화 수집광의 찬가 〈마이 아디다스(My Adidas)〉가 엄청난 히트를 기록하면서 생겨났다.

데프잼레코드(Def Jam Recordings)의 공동 창립자이자 런디엠시의 매니저였던 러셀 시몬스(Russell Simmons)가, 런디엠시가 인기 절정이던 1980년대 중반에 뉴욕 매디슨 스퀘어 가든에서 열린 런디엠시의 콘서트에 아디다스 경영진을 초대했다는 전설적인 이야기가 있다. 이 이야기는 뉴욕 생활정보지 〈빌리지보이스(Village Voice)〉에 소개됐다. 런디엠시가 〈마이 아디다스〉를 부르기 시작했을 때, 관객 1만 명이 신발을 공중에 흔들기 시작했다. 이를 본 아디다스 경영진은 런디엠시가 아디다스 신발을 공개적으로 홍보해준 대가로 데프잼레코드에 150만 달러짜리 수표를 즉시 지급했다. 이 공연이 러셀에게 '블록 순간'이었다고 말할 수 있다. 러셀은 그 콘서트를 이용해서 힙합과 팝 문화를 중재하는 사람으로서 마땅히 누려야 할 관심을 끌었다.

〈마이 아디다스〉가 히트하면서 운동화가 때맞춰 진정한 형태의 길거리 패션으로 거듭났고, 운동화 수집광의 시대가 열렸다. 전 세계 엘리트 운동선수, 음악인, 예술가와 청년 문화에 어울리는 신발을 디자인할 기회가 열렸고, 창조적인 일을 찾는 이들에게 인기 있는 직업이 됐다.

그러는 가운데 열일곱 살이던 에드워즈는 웨스트로스앤젤레스 폭스힐스몰에 있는 스포츠웨어 유통업체 풋로커(Foot Locker)에 일자리를 구하는 데 총 여섯 차례나 도전했지만 실패했고, 결국 임시직 소개소를 통해 신발 제조업체 엘에이기어(LA Gear) 본사에

문서 정리 직원으로 취직했다. 1년 동안 외상 매입금을 정리하며 힘겹게 일하던 중 그는 회사 발전 방안을 쪽지에 써서 넣을 수 있는 건의함을 발견했다.

이후 여섯 달 동안 에드워즈는 매일 그 건의함에 신발 측면을 바로 본 각도로 그린 스케치를 넣으면서 회사에 자신을 정규직 신발 디자이너로 고용해달라는 뜻을 내비쳤다. 마침내 에드워즈의 스케치가 엘에이기어 CEO 로버트 그린버그(Robert Greenberg)의 손에 들어갔다. 그때는 1980년대 후반으로 개인용 휴대전화가 보급되기 전이었다. 그렇더라도 본사 사내 방송으로, 당시 세상에서 가장 유명한 신발 브랜드 중 하나였던 엘에이기어 CEO가 십대 서류 정리 직원을 찾는다는 말을 듣는 것은 무척 놀라운 일이었을 것이다. 에드워즈는 자기가 내놓은 대담한 디자인들이 고위 경영진에게 들어갈 것이라고 확신했지만, 엘에이기어 창업자 사무실에 와서 직접 보고하라는 사내 방송을 듣게 될 줄은 예상하지 못했다. 에드워즈는 고용됐고, 열아홉 살에 세계 최연소 프로 신발 디자이너가 됐다.

평범한 사람들은 막 대학교를 졸업해 어떻게 먹고살지 고민하는 나이인 스물세 살에, 드웨인 에드워즈는 엘에이기어의 수석 신발 디자이너가 됐다. 이후 그는 나이키에서 11년간 근무하다가(그는 에어 조던을 디자인하고 만든 여덟 명 중 한 명이다) 기업 세계를 떠났다.

현재 드웨인 에드워즈는 역사상 최고의 운동화 디자이너 중 한

명으로 꼽힌다. 그는 미국 신발 디자인 및 제조 메카인 오리건주 포틀랜드에서 활동 중이다. 그가 연 혁명적인 신발 디자인 아카데미 펜솔(Pensole)은 지금 세계에서 가장 존경받고 혁신적이며 큰 성공을 거둔 신발 디자인 아카데미다. 신발 디자인 교육에서 세계적으로 권위를 인정받고 있는 에드워즈는 매사추세츠공과대학(MIT)에서 디자인을 가르치고 하버드대학교에서 강연을 한다. 펜솔을 운영한 지 단 4년 만에 〈패스트컴퍼니〉는 드웨인 에드워즈를 가장 혁신적인 사업가 100인 중 한 명으로 꼽았다.

에드워즈는 신발 회사들이 좋은 교육을 받은 재능 있는 디자이너를 계속해서 구하는 데 어려움을 겪을 것이라는 사실을 제대로 알고 있었다. 에드워즈는 현재 연매출 500억 달러에 이르는 신발 업계에는 문제점도 있지만 엄청난 기회도 있다는 점을 간파했다. 그는 펜솔 아카데미를 창립하면서, 어떻게 하면 신발 디자인에 뛰어들 수 있는지 잘 모르는 전 세계의 재능 있는 젊은이들에게 기회를 제공했다. 에드워즈는 "우리 업계의 문제점이 무엇인지 알 수 있었죠. 신발 업계의 쟁점과 디자인 교육의 쟁점, 그 둘 사이는 단절돼 있었습니다. 학생들은 그 중간에서 이러지도 저러지도 못했죠"라고 말한다.

에드워즈는 이 거대한 산업의 창조 부문이 무너지고 있는 실질적인 이유를 알았다. 남들이 걷지 않은 진로를 따랐던 에드워즈는 실력 있는 디자이너를 양성하고 발굴하는 시스템의 결함과 문제점을 개선할 방법을 알고 있었다. 이런 혁신이 체제 안에서 생겨나는 경우는 극히 드물다. 혁신은 오히려 에드워즈처럼 그 조직에 동화되지 않은 사람, 경제적으로 막강하지만 결함이 있는 조직체에 직면했을 때도 기꺼이 위험을 감수하고 자기가 진실이라고 믿는 바를 당당하게 고수하는 독창적인 사고를 지닌 사람에게서 비롯된다.

드웨인 에드워즈는 항상 아이코니스트였다. 디자이너로서의 성공과 아카데미를 비롯해 그가 행한 모든 일의 토대에는 블록과 두드러지는 방법을 구사하는 능력이 있다. 그는 이제 이 지식을 학생들에게 전달하고 있다. 에드워즈는 모든 학생들에게 신발 측면을 바로 본 각도로 매일 디자인하기를 권한다. 이는 풋로커가 신발을 진열하는 방식이자 에드워드 자신이 눈에 띌 수 있었던 비결이기도 하다. 또한 전세계에서 모여든 아카데미 입학 지원자들에게도 모든 작업물을 그렇게 그릴 것을 필수 조건으로 고집한다. 그는, "디자인을 똑바로 보면 주의가 산만해지는 일 없이 집중할 수 있습니다. 지금 당신이 보고 있는 예술가 개인이 지닌 본질과 독창성을 볼 수 있죠. 그보다 과하면 도리어 밀어내게 돼요"라고 말한다. 이 말에서 에드워즈는 블록을 설명하면서 무엇이 어떤 대상을 아이콘으로 만드는지 분석하고 있다.

헷갈리지 않고 즉시 지각할 수 있는 의사소통 방식은 강력한 메시지에 기여한다. 에드워즈가 가장 중요하게 생각하는 목표는 학생들이 신발 산업에서 활약할 뿐만 아니라 현실 사회에서 의사소통할 수 있는 준비를 갖추도록 하는 것이다. 그는 이렇게 말한다. "학생들은 줄임말을 섞어가며 장황하게 자기 디자인을 이야기하는데, 현실 사회에서 그런 방법은 통하지 않아요. 언어 의사소통이 시각 의사소통만큼 중요한 이유를 학생들이 이해하도록 이끌어야 하죠. 시각적으로도 자신이 명확한 생각을 지니고 있으며, 언어를 사용하든 사용하지 않든 의사소통할 수 있다는 사실을 보여줘야 합니다. 나는 학생들에게 포트폴리오를 연재만화(comic strip)와 같다고 상상해보라고 말하곤 합니다. 연재만화에는 대사가 별로 없기 때문이죠. 언어를 거의 사용하지 않고 시각적으로 표현하거나 엄청나게 큰 글씨를 사용해서 즉시 요점을 전달할 수 있다면, 그 사람은 다른 그 누구보다도 뛰어난 시각 의사 전달자입니다. 또한 유달리 크게 표현하면 대개 감정적으로 더 큰 영향력을 미칠 수 있어요." 진정한 아이코니스트다운 말이다.

블록의 힘을 사용해서 목표 대상을 자극하는 드웨인 에드워즈 같은 아이코니스트는 예전부터 계속 있었다. 그러나 우리는 최근 들어서야 그런 사례에서 배움을 얻고자 아이코니스트를 규정하고 그들의 업적을 밝히고 있다. 모차르트, 프리다 칼로, 마틴 루터킹, 앤디 워홀, 마이클 잭슨을 비롯한 각 분야 거장들은 자각했든 그렇지 않았든 모두 이런 기법을 사용했다. 그들 중에 완벽한 사람은 아무도 없었지만, 모두 결국에는 경쟁이 치열한 분야에서 두드러질 수 있는 기술을 통달했다. 복잡한 작품을 만들었기 때문이 아니라, 자기 자신을 표현하는 복잡다단함 속으로 관중을 끌어들이고자 단순하고 반복적인 의사소통을 대담하게 몇 번이고 되풀이해서 사용했다는 점에서 그들은 천재다. 우리 중에도 기꺼이 이들처럼 한다면 더 높이 비상할 사람이 많이 있다. 반복적인 단순성은 천재를 이루는 주요 부분이며, 그 무엇이라도 위대하게 만드는 비결이다.

일단 세 개 이하의 블록 문장으로 당신의 목표 대상에게 정보를 전달하라. 그들에게 도로 표지판을 제공하라. 그 도로 표지판을 만드는 데 전념하다 보면 다소 불편함을 느낄 수도 있다. 남들에게 잘못된 표지판을 내세우고 싶지 않기 때문이다. 실패나 거절을 두려워하는 마음은 위대함으로 이어진 길을 가로막는 적이다. 이런 두려움에 사로잡히면 원하는 대상을 충분히 끌어들일 수 있을 정도로 대담한 블록을 만들지 못할 것이다. 우리는 자기도 모르는 사이에 거절당할 가능성을 피하려고 수많은 선택지를 만들고, 그 속으로 숨는다. 거절이 두려워 자기 작품을 아이콘화하지 않음으로써, 목표 대상과 관계를 맺으며 그들의 관여를 이끌어서 성공할 기회 자체를 거부하는 경우가 많다는 사실은 비극적 아이러니다. 사람들은 대부분 요란하게 틀릴 가능성을 감수하느니, 차라리 안전하게 갖은 선택지를 내놓다가 관심 끄는 데 실패하는 쪽을 택한다.

성공하려면 안전에 치중해서는 안 된다. 블록 문장이나 이미지를 전면에 내세움으로써 항상 목표 대상을 순식간에 사로잡아야 한다. 거의 한 세기 전 미국 중서부 작은 마을에 살았던 한 부부의 사례를 소개한다.

1931년 12월, 젊은 약사 테드 허스테드(Ted Hustead)와 그의 아내 도로시 허스테드(Dorothy Hustead)는 그들이 가게를 차릴 수 있고 매일 성당에서 미사를 볼 수 있는 작은 마을로 이사하고 싶었다. 월 드럭 스토어(Wall Drug Store) 웹사이트에 허스테드 부부가 사우스다코타주의 월(Wall)이라는 마을에 어떻게 오게 됐는지 소개돼 있다. 당시 월에는 주민이 326명뿐이었고 부부가 다닐 수 있는 성당도 있었다. 자기들이 찾고 있었던 마을이라고 생각한 테드는 그리 대단치 않은 유산 3,000달러로 '월 드럭'을 차렸다. 그러나 머지않아 테드는 새로 정착한 이 마을이 얼마나 작고 외지며 '찢어지게 가난한지' 깨달았다. 부부의 가게는 대평원에 있는 작은 마을의 작은 사업체였다. 어느 날 오후 가게에 딸린 방에서 바로 뒤편으로 난 미국 16A 고속도로를 고물 자동차들이 지나치는 소리를 듣던 중에 도로시가 더 많은 고객을 끌어들일 아이디어를 냈다. "뜨거운 대초원을 달려온 여행객들이 정말로 원하는 게 뭘까? 그들은 목이 말라. 물을 마시고 싶을 거야. 그것도 차디찬 얼음물! 우리에게는 얼음과 물이 넘치지. 여기로 와서 공짜 얼음물을 마시라고 쓴 표지판을 고속도로에 세우면 어떨까? 잘 들어봐. 심지어 표지판에 뭐라고 쓸지도 이미 정했어. 탄산음료를 사세요. …… 루트비어를 사세요. …… 다음 모퉁이를 돌면 …… 바로 옆에 있습니다. …… 16번, 14번 고속도로와 이어집니다. …… 얼음물이 공짜 …… 월 드럭."

도로시는 월 드럭이 제공할 수 있는 물건과, 목표 대상에게 가장 필요한 물건의 단순한 교집합을 큰소리로 외치고 있었다. 월 드럭 웹사이트에 실린 연혁에서 테드는 "그다음 주에 나는 아들과 함께 고속도로로 가서 공짜로 얼음물을 제공한다는 표지판을 세웠습니다. 솔직히 나는 표지판을 세우면서도 실없다는 느낌을 떨칠 수 없었지만, 가게에 돌아와보니 이미 얼음물을 받으려는 사람들이 나타나기 시작했더군요. 도로시는 손님 응대에 정신이 없었어요. 나도 당장 도로시 옆으로 가서 거들었죠"라고 그때를 떠올렸다.

도로시는 자기가 겨냥하려는 고객, 즉 휴식과 원기 회복이 필요한 여행객에게 감정적으로나 신체적으로나 가장 절실한 사안에 직접 호소하는 직설적인 도로 표지판을 제안했다. 대공황이 절정에 이른 가운데, 인적이 드문 외딴 마을임에도 불구하고 허스테드 부부의 사업은 번창했다. 제2차 세계대전 중에는 고향을 떠올리게 하는 역할과 군대를 환대한다는 표시로 유럽 곳곳에 그 표지판을 세우기도 했다. 오늘날 월 드럭은 수백만 달러의 가치를

지닌 사업체가 됐지만, 여전히 표지판은 모두 손으로 직접 칠해서
만들고 얼음물은 항상 공짜이며 군인에게는 감사 표시로 무료 도
넛과 커피를 제공한다. 또한 광고판에 여전히 '얼음물 가게'라고
월 드럭을 홍보한다. 도로시가 만든 '공짜 얼음물'이라는 블록은
여전히 이 가게의 아이콘으로 남아 있다. '전염성'이라는 말이 의
사의 진단에서 사용될 뿐이던 시절부터 월 드럭이라는 브랜드는
널리 전염됐다. 월 드럭의 표지판은 미국 전체로 퍼졌고, 월 드럭
단골손님들은 표지판을 세계 도처로 가져갔다. 군인들은 제2차
세계대전 중에 유럽 거리로 표지판을 가져갔고, 손님들이 중국 만
리장성과 인도 타지마할에서 표지판을 들기도 했다.

　도로 표지판과 경고 라벨은 현대 세계의 모든 업계와 과다한

소통을 초월해서, 우리가 보고 접속할 실마리를 제공한다. 실제로 하는 일은 복잡하거나 광범위하더라도, 우리는 '고객의 실제 관심사와 겹치는 그 한 가지'를 찾아 블록을 만든다. 허스테드 부부는 도로 표지판을 세워서 성공을 거두었지만, 그 광고판에 쓴 문구는 실제로 그들이 생계를 위해 판매하는 제품에 대한 것이 아니었다. 이것이 올바른 블록이 발휘하는 힘을 보여준다. 블록은 전염성을 지닌다. 지금도 여전히 매년 약 200만 명이 월 드럭을 방문한다.

투명하고 감정을 자극하는 도로 표지판으로, 자기 자신을 홍보하기에 바쁜 모든 주장을 대체해야 한다. 바꿔 말하면 다음과 같다.

**당신이 얼마나 훌륭한지 말하기
= 부적절
상대방의 관심사와 당신이 실제로 하는 일의 교집합에 집중하기
= 적절**

이 교집합 부분에 블록을 반복해서 사용해야 한다. 자신이 하는 일을 세 개 이하의 눈에 띄는 블록으로 압축해서 뽑아내다 보면, 이토록 북적이는 세상에서 상대방이 나를 제대로 봐주기를 원할 때 나 자신과 내가 하는 일을 근본적으로 어떻게 바꿔야 할지 깨닫게 될 것이다.

빨간 고무공 사나이와 '베컴진'

17

당신만의 독특한 신호를 보여주고,
어쩔 수 없다는 이유로 평범한 길로 가지는 말라.
그것이 바로 혁신이다.

이즈리얼모어 아이버(Israelmore Ayivor), 《꿈을 설계하라!(Shaping the Dream!)》

미국의 서로 다른 지역에서 어렵게 자란 흑인 두 명이 있다. 이 두 사람은 각자의 아이콘이 된 블록 개념으로 유명해졌다. 각자를 대표하는 개념이 두 사람의 이름보다 훨씬 유명할 정도다. 이 개념들이 이들보다 앞장서 일종의 시그널이 되었고, 두 사람 모두를 보기 드문 성공으로 이끌었다. 솔직히 거의 불가능했던 성공이었다.

두 사람은 서로 모르는 사이지만, 모두 자기도 모르게 스스로 아이콘이 됐고 비범한 열정으로 빚어낸 일과 예술을 통해 정체성을 드러냈다. 이 두 사람의 독특한 개인사는 정체성을 대표하는 특이한 개념을 최전선에 당당하게 내세움으로써 폭넓은 목표 대상에게 다가갈 수 있음을 알려준다.

케빈 캐럴(Kevin Carroll)은 빈곤과 중독에 시달리던 부모에게 여섯 살 때 버림받았다. 현재 50대인 캐럴은 주목할 만한 인생을 살아왔고, 특이한 개념이 그의 놀라운 경력을 규정하게 됐다. 바로 빨간 고무공, 초등학교 운동장에서 가지고 놀았던 바로 그 빨간 고무공이다.

캐럴에 관한 몇 가지 정보를 소개하자면, 그는 체코어, 크로아티아어, 세르비아어, 독일어 등 다섯 가지 언어를 구사한다. 단 5년 만에 고등학교 선수 트레이너를 하다가 대학교 선수 트레이너로 옮겼고, 마침내 필라델피아 세븐티식서스(Philadelphia 76ers, NBA 프로농구 팀 - 옮긴이)의 수석 트레이너가 됐다. 1,700만 개가 넘는 스타벅스 커피 잔에 캐럴이 한 말이 적혀 있다. 또 그는 개발도상국에서 놀이가 어떤 중요성을 지니며, 그로부터 선진국이 무엇을 배울 수 있는지에 대해 국제연합에서 강연을 하기도 했다. 유고슬라비아 올림픽 대표팀 소속 트레이너로 올림픽에 참가한 뒤, 마침내 캐럴은 나이키에 입사했다. 나이키는 그에게 나이키 브랜드를 연결하고 그 가치를 증폭하는 역할을 맡기며, 직책을 직접 만들어달라고 부탁했다. 그렇게 해서 캐럴은 '캐털리스트'(Katalyst, 촉매를 의

인도네시아

멕시코

우간다

모잠비크

미국

아프리카

미하는 catalyst에서 c를 케빈을 의미하는 K로 바꾼 이름)로 **나이키에서 10년
넘게 일했다. 나이키에서 퇴사한 뒤 그는 가장 성공한 국제 강연
자 중 한 명이자 사회 변화를 추구하는 존경받는 컨설턴트가 됐
다.**

캐럴은 놀이가 음악만큼이나 보편적인 언어이며 인간의 관계
와 적응성, 생산성, 창조성을 뒷받침하는 근본이라고 말한다. 그
는 연간 200일 이상 세계 곳곳을 돌아다니면서 학교와 기업, 비영
리단체를 대상으로 사회 변화를 자극하는 기폭제로서 놀이를 전
도한다. 개발도상국을 방문할 때면 캐럴은 길에서 만난 아이들이
가지고 노는 공을 받는 대신 새 축구공을 준다(세계 최대 공 제조업체
중 하나인 몰텐[Molten]은 놀이와 에너지, 호기심을 전달하는 캐럴만의 특별한 기
호를 새긴 축구공을 생산한다).

각 대륙을 누비며 캐럴은 가죽이 너무 낡아서 올이 다 드러난
축구공을 차고 노는 모든 연령층의 사람들을 봤다. 그는 바나나껍
질, 실, 코코넛, 심지어 쓰레기로 만든 축구공까지 모았다. 이렇게
케빈이 수집한 공예품 공들을 아스펜연구소(Aspen Institute) 상설
전시장에서 볼 수 있다.

캐럴은 세계 곳곳에서 수집한 축구공들이 부유하든 빈곤하든
간에 놀이를 즐기고 싶어 하는 보편적인 인간의 욕망을 나타낸다
고 말한다. 앞으로도 사람들은 언제나 놀이에 참여할 방법을 찾을
것이다.

놀이의 과학에 해박한 캐럴은 지구상에 공만 한 물건이 없다고 진심으로 믿는다. 평소에 나누는 대화에서도 캐럴은 유치원이라는 개념을 만든 독일의 혁신가이자 교육자 프리드리히 프뢰벨(Friedrich Fröbel)에 대해 아주 자세하게 파고들곤 한다. 프뢰벨은 아이들의 초기 발달을 뒷받침하기 위해 차례로 제공해야 하는 선물들을 제시했다(예전에 캐럴이 내게 설명했듯이 이런 선물들은 모두 장난감 블록의 일종이다). 첫 번째 선물은 말랑말랑한 공이다. 연구에 따르면 아기가 가장 먼저 입에 올리는 단어가 '공'인 경우가 많다고 한다. 우리는 기어다닐 수 있게 된 순간부터 공을 쫓고, 개중에는 죽을 때까지 공을 쫓는 사람들도 있다. 공이 갖는 그런 원시적 힘은 놀이가 인간에게 얼마나 중요한지 시사한다.

캐럴은 모든 스포츠를 좋아하는데, 처음으로 쓴 책에서는 놀이에 관한 메시지를 전달하기 위해 어떤 공에 집중해야 할지 논의했다. 축구(캐럴이 제일 좋아하는 스포츠)는 캐럴의 조국인 미국을 제외한 전 세계에서 커다란 인기를 누리고 있다. 미국에서는 미식축구, 야구, 농구가 주류라고 할 수 있다. 따라서 캐럴은 세계 어디서든 초등학교 운동장에서 흔히 볼 수 있는 빨간 고무공에 집중하기로 정했다. 캐럴이 나이키에 근무할 때 썼던 이 책은 공이 지닌 힘과 놀이를 위한 헌사였으며, 버림받고 가난했던 어린 시절을 극복하고 사실상 불가능했던 위치에 이를 수 있었던 자기의 이야기였다. 《빨간 고무공의 법칙(Rules of the Red Rubber Ball)》이라는 제목의 이 책은 초등학생 시절에 우리 모두가 쫓아다녔던 빨간 고무공을 인생 목표 추구와 인간 잠재력의 촉진 및 증폭의 은유물로 사용했다.

이 책의 초판은 안팎으로 모두 공들여서 디자인했고, 두꺼운 판지에 질감을 살린 빨간 고무를 공 모양으로 상단에 붙여 표지를 구성했다. 캐럴은 그의 메시지에 담긴 명랑한 정신을 감각적으로 전달하고자 유명 디자인 기업 윌러비디자인(Willoughby Design)을 고용했다. 또 고무와 판지로 만든 특이한 책을 기꺼이 맡겠다고 한 남다른 인쇄업체 메트파인프린터스(Met Fine Printers)를 캐나다 밴쿠버에서 발견했다.

나이키의 브랜드 가치 증폭을 담당하던 캐털리스트를 그만둘 무렵에 캐럴은 이미 세계 곳곳에서 가장 인기 있는 강연자 중 한 명이었다. 현재 캐럴은 전 미국 대통령들과 영화배우들을 대변하는 워싱턴스피커스뷰로(Washington Speakers Bureau)와 크리에이티브아티스트에이전시(Creative Artists Agency)를 비롯한 주요 국제 강연 인재 관리 기업들의 의뢰를 받고 있다. 각종 기업 및 기관에서 그를 강연자로 초청하려는 열기는 사그라들 줄 모른다. 나이키에서 일하는 동안 강연 요청이 빗발치면서, 캐럴은 자기 인생에서 단 하나의 임무이자 목적이 무엇인지 깨닫게 됐다. 그는 나이키를 떠나 놀이의 힘을 세계 곳곳에 전도하기로 결심했다.

캐럴은 우리가 생의 목적을 좇을 때 변화하고, 나아가 더 훌륭하고 효율적인 사람이 된다고 굳게 믿는다. 어린이들은 놀 때 자기를 의식하지 않는다. 캐럴은 놀이를 사회 변화 도구로 사용함으로써 우리가 성인으로서 성취감을 느끼는 목표를 다시 추구할 수 있다고 믿는다. 따라서 만약 각자가 모두 생의 목적, 즉 어린 시절에 가지고 놀았던 빨간 고무공을 쫓는다면 우리 사회 전체가 발전할 것이라고 말한다.

캐럴은 자기 메시지를 널리 퍼트리고자 주요 출판사와 계약을 추진했다. 그러나 자비로 출판한《빨간 고무공의 법칙》이 강연장에서 잘 팔렸음에도 불구하고 이를 출판하겠다고 나서는 주류 에이전시나 출판사는 찾을 수 없었다. "그렇게 두꺼운 판지와 빨간 고무로 책을 제작하려면 돈이 너무 많이 듭니다"라거나 "여태껏 본 적이 없는 메시지 나열 방식이네요"라는 대답이 누누이 돌아왔다. 관계자들은 대부분 외양은 아동 도서인데, 내용은 성인을 대상으로 한 책을 본 적이 없었다. 캐럴이 가장 흡족하게 여겼던 거절 문구는 "디자인이 지나치게 독창적이에요"였다.

캐럴은 그냥 계속 강연 여행을 다니면서 자비로 출판한 책을 판매했다. 강연장에서 그토록 다양한 사람들이 그 책에 공감하는 모습을 보면, 대형 출판사 중에 출판 계약을 맺겠다는 곳이 단 하나도 없다는 사실이 어리둥절했다. 마침내 스포츠계 골리앗 ESPN이 새로 설립한 출판사가 캐럴에게 연락해왔다. ESPN이 출판 프로젝트를 맡았고, 이 책은 10년 이상 지난 지금도 계속 팔리고 있다. 수많은 독자들이 이 책을 마치 장애물을 극복하는 방법에 관한 지식을 담은 살아 있는 공예품처럼 돌려본다. 이 책을 읽어본 사람은 꼭 다른 사람들에게 넘겨줘야만 한다고 느끼는 듯하다.

캐럴은 어디에 가든 '빨간 고무공 사나이'로 통한다. 이는 그가 나이키에서 쌓은 경력과 세 가지 슬라브어를 배우게 해준 군 복무 경력, 올림픽 참여 경험, NBA가 세 번째로 고용한 흑인 수석 트레이너라는 경력을 무색하게 만든 블록이다. 그만큼 이 책이 전달하는 놀이에 관한 메시지는 강력하다. 그러나 빨간 고무공이라는 단순한 개념을 그토록 명확하게 내세우지 않았다면, 이 책은 지금과 같은 위상을 지니지 못했을 것이고, 캐럴을 나타내는 보편적인 상징, 그의 신호, 그가 세상에 전한 유산이 되지도 못했을 것이다. 길거리나 공항에서 캐럴을 알아보는 사람들은 "그 빨간 고무공 사나이시죠!"라고 외치곤 한다.

어떤 일을 하든 간에, 대담하고 즉시 지각할 수 있는 개념이나 상징, 즉 블록으로 자기 자신을 나타낼 수 있다면, 복잡하거나 모호한 메시지를 내세울 때보다 훨씬 더 빠르게 더 먼 곳까지 나아갈 수 있을 것이다. 블록은 신호 역할을 하면서 사람들이 당신을 보고 기억하도록 눈길을 끌고, 나아가 더 깊이 들여다볼 수 있도록 이끌 것이다. 성공한 아이콘에서 찾아볼 수 있듯이 블록을 되풀이하면 우리가 어떤 인간인지 보여주는 복잡한 특징을 블록에 담을 수 있다.

이제 다른 신호를 살펴보자. 돈완 해럴(Donwan Harrell)의 경이로운 경력을 규정하는 특이한 아이콘이 있다. 바로 신념, 인종, 계급을 막론하고 모든 사람에게 반향을 불러일으킨 청바지다.

해럴은 버지니아주 노동자 계층 가정에서 자란 예술가다. 아버지는 해군 함정 수리공이었고 어머니는 재봉사였다. 해럴은 이 세상에서 가장 성공한 독립 청바지 디자이너다. 그가 보여주는 아주 뚜렷한 특유의 워싱(청바지를 오래된 것처럼 색을 빼고 얼룩을 만드는 기법)은 그의 브랜드를 나타내는 강력한 신호가 됐다.

해럴은 전통적인 디자이너라기보다는 청바지 고고학자에 가깝다. 그는 정기적으로 3~4주에 걸쳐 미국 오지로 자동차 여행을 다니면서, 사람들이 작업용 청바지를 입는 다양한 방식을 수집하고 목록으로 만들어서 디자인에 반영한다. 자동차 정비소에서 도색을 담당하는 사람의 청바지에 페인트가 튄 흔적을 관찰하고, 농장에서 사료를 주거나 지하 광산에서 일하는 사람이 '작업복'에 어떤 고난의 흔적이나 독특한 마모 형태를 남기는지 적어둔다. 정비공이나 농장 일꾼이 입고 있는 청바지에 기름이 얼룩지거나 물드는 모양을 기록하기도 한다. 해럴은 청바지가 육체노동과 흠집으로 지문만큼이나 다양하고 고유하게 낡아가는 모습에 푹 빠졌다.

여행을 마치면 해럴은 곧장 작업실로 돌아와 인위적으로 얼룩과 흠집을 넣은 청바지를 디자인한다. 해럴은 복잡한 기법을 사용해서 데님 워싱에 들어가는 독특한 강조와 마모의 패턴을 만든다. 디자이너 겸 창조자로서 해럴은 실생활을 바탕으로 하거나 실생활에서 영감을 얻어서 이런 워싱 무늬를 만들어야 한다고 생각한다. 부유하든 가난하든 재주가 많든 간에 나이나 성별, 사는 곳과 무관하게 누구나 이야기가 있는 옷을 입고 싶다는 충동을 느낄 때가 있다.

현대는 디지털 시대지만 우리는 여전히 손으로 직접 만든 작품에 가치를 부여한다. 또한 사회 구성원으로서 우리는 우리의 여정, 혹은 적어도 고된 하루 일이 잘 끝났다는 흔적을 보여주는 물건에 애정을 느끼곤 한다. 이런 이유로 해럴의 워싱을 보고 있으면 **감동**을 받게 된다.

해럴이 성실하게 일하고 세부 사항에 관심을 기울인 덕분에 그와 그 청바지 공급업체는 성공을 거뒀다. 해럴은 미국인으로는 최초로 일본에 가서 일본의 구식 셔틀 직기로 셀비지 데님을 제작했다(덕분에 해럴의 제품을 좋아하는 많은 팬들은 한동안 그가 일본인이라고 생각했다). 세계 곳곳에서 셀비지 데님을 생산하지만 일본 데님을 고급으로 치는 경우가 많다. 구식 직조기로 제한된 수량만 생산하는, 비싸고 질기며 하늘거리는 일본 데님은 다른 직물과 구별되는 특징을 지니기 때문이다. 하드코어 청바지 예찬론자, 즉 '청바지광들'은 수십 년 동안 셀비지 데님을 입어왔지만, 주류 대형 매장들은 아직 셀비지 데님을 팔지 않았다. 해럴의 워싱이 나타나기 전까지 미국인들은 청바지 한 벌에 300달러에서 500달러나 되는 돈을 선뜻 쓰려고 하지 않았다. 해럴의 혁신으로 세계 곳곳의 셀비지 데님 제조업체와 수입업체가 이익을 얻게 됐다.

그리고 우리에게 가장 중요한 또 다른 사실은 해럴이 그의 특별한 워싱으로 명성을 얻었고 그것과 동의어가 되다시피 했다는 점이다. 주요 백화점의 고객과 해럴이 만든 특별한 제품을 즐겨 입는 사람들은 해럴과 해럴이 만든 옷을 동일시한다. 그가 만든 브랜드 PRPS('목적[purpose]'을 줄인 말)는 제이지, 브래드 피트(Brad Pitt), 데이비드 베컴(David Beckham)처럼 문화를 만들어나가는 사람들을 비롯한 많은 연예인과 예술가들에게 사랑받는 고급 청바지를 만든다(PRPS의 슬로건은 '멍들어도 결코 망가지지 않는다[Bruised Never Broken]'였다. 해럴은 수십 년 동안 자기가 만든 청바지에 1960년대와 1970년대에 나온 고성능 자동차의 이름을 붙였다. 그가 수집하면서도 일일이 아내에게 말하지는 않는 자동차들이다).

　해럴이 '입고 일한' 듯 보이게 디자인한 청바지가 수백 달러, 드물게는 1,000달러를 넘는다는 사실은 진짜 아이러니하다. 몇 년 전, 텔레비전 프로그램 〈더러운 직업들(Dirty Jobs)〉을 진행하는 마이크 로(Mike Rowe)는 해럴이 만든 흙투성이 진흙 청바지 가격을 보면서 공개적으로 그를 비난했다. "노드스트롬 백화점에서 가짜 진흙이 묻는 청바지를 400달러에 파는 모습에 나는 분개(확실히 '분개'라고 했다)했습니다."

고객들은 해럴 워싱의 독특함을 금방 알아보고, 돈으로 살 수 있는, 가장 진정으로 '누군가 입고 살면서 일한' 듯 보이는 청바지라고 생각한다. 해럴 고유의 스타일, 즉 그의 블록은 '청바지 디자인'이라기보다는 워싱이다. 해럴은 수십 년 동안 전념해서 고유의 블록을 만들었고, 이제 세상에서 가장 복잡하고 현실적인 데님 워싱은 그와 불가분의 관계를 맺게 됐다.

베토벤에 대한 비판과 마찬가지로, 해럴의 데님을 작품으로 보는 시선에 대한 로의 불쾌함은 해럴을 독창적인 예술가로 만드는 그 독특한 블록에 이유가 있다. 해럴에게 그 블록은 대단히 성공적인 신호였으므로 자기가 만든 브랜드를 떠난 뒤에도 그는 거액의 투자 제안과 세계적인 유명 의류 기업들로부터 디자인을 맡아달라는 요청을 많이 받았다. 해럴은 새로운 청바지 회사 아트미트카오스(ARTMEETSCHAOS)를 시작했고, 그런 성공적인 신호 덕분에 새로운 브랜드를 출시한 지 몇 달 만에 첨단 유행을 선도하는 구매자들이 그의 브랜드를 완전히 받아들이고 탐내게 됐다.

사실 해럴의 블록(워싱)은 그가 만든 유명 브랜드의 성공을 뛰어넘었다. 해럴의 사례는 우리가 스스로를 특별하게 만들고 싶거나, 어울리고 싶은 사람들에게 반향을 불러일으키고 싶을 때, 블록 메시지나 과학, 스타일, 발상이 어떻게 지속적인 성공으로 가는 관문이 될 수 있는지 잘 보여준다.

인텔과 페덱스의 메시징 전략

18

바로 지금 삶에서 가장 슬픈 측면은 사회가 지혜를 모으는 속도보다
더 빨리 과학이 지식을 모은다는 사실이다.

아이작 아시모프(Isaac Asimov), 《아이작 아시모프의 과학과 자연 인용문 모음집(*Isaac Asimov's Book of Science and Nature Quotations*)》

블루그래스 빅스(Bluegrass Biggs)라는 남자가 있다. 그의 삶은 그의 이름보다도 한층 더 흥미롭다. 빅스는 오리건주 시골에서 찢어지게 가난하게 자랐고 매켄지강 둑에서 컸다. 어린 시절에는 꽤 오랫동안 텐트와 화물차에서 생활했다. 빅스는 완전히 예측 불가능한 동시에 인간 정신의 고유성과 힘, 독창성을 증명하는 삶을 산, 빛이 나는 사람이다.

지금 '블루'는 화학공학 박사 학위를 가지고 있으며, 현재 미국 유수의 생명과학 자문 회사 중 하나인 빅스비(BiggsB)를 경영

한다. 그는 노스캐롤라이나주 롤리와 일본 나라를 오가면서 지낸다. 또 경주용 자동차를 소유하고 있고 자동차 경주 팀을 후원하며, 세상에서 가장 정확한 자동차 경주 기술이라고 할 만한 스파터(Spotter)라는 GPS 응용 기술로 특허 세 가지를 출원했다. 스파터는 경주용 자동차 운전자의 안전 향상에 기여하고, 운전자들이 경주로 주행 성적을 올릴 수 있도록 돕는다. 휴대전화에 탑재된 실시간 분석 정보 덕분에 운전자는 현재 자신이 어떻게 주행하고 있으며 해당 구간에서 기록이 좋아지고 있는지 나빠지고 있는지 파악할 수 있고, 다시 동일한 구간을 지날 때마다 시시각각으로 어떻게 조절해야 할지 알 수 있다.

그러나 빅스비의 경우, 잠재적 고객이 얻을 수 있는 혜택은 운전자가 스파터로 얻을 수 있는 혜택만큼 명백하지 않았다. 나는 빅스를 처음 만났을 때 블록 원칙을 알려줬다. 그는 자문 회사 빅스비와 그 기업을 드러내는 방식을 역으로 설계했다. 빅스비를 고용하는 주요 제약 회사와 의료기기 회사는 어느 나라에 있든 간에 해당 산업을 관리하는 규정의 늪에 빠져 허우적거리고 있고, 자사가 관련 규정에 따라 정확하게 조업하고 있는지 우려한다. 한 번의 실수로 거액의 벌금을 내야 할 수도 있기 때문이다. 동시에 이런 기업들은 컨설턴트가 찾아와서 조업을 방해하거나 업무 현장의 '분위기'를 해치는 사태를 피하고 싶어 한다.

궂은 환경에서 성장한 빅스는 규정처럼 복잡한 대상을 익숙하고 수월한 과정으로 만드는 방법을 이해하는 데 탁월한 감수성을 갖추고 있었다. 그는 '규정 준수를 이해하기 쉽게 설명'하는 단일체 블록을 내놓았다. 고도의 기술을 요하는 생명공학, 의학, 제약 기업들은 반드시 지켜야 하는 복잡한 규정을 준수하느라 혼란스러운 경우가 많다. 그런 이유로 빅스가 내놓은 블록은 그들에게 대단히 큰 힘을 발휘한다. 빅스는 먼저 블록을 제시한 다음에 빅스비 이용이 얼마나 쉽고 순조로운지에 관해 구체적인 내용을 충분히 설명한다. 빅스비 경쟁사들이 흔히 고압적인 전략을 사용하는 반면, 빅스는 고객을 안심시키고 고객이 국세청 감사를 받는 듯한 기분을 느끼도록 몰아가지 않는 컨설턴트만 고용한다. 빅스는 고객들이 불편한 기분을 느끼도록 몰아가는 기업에 돈을 내고 싶어 하지 않는다는 사실을 깨달았다. 그리고 '화살촉과 화살대', 즉 아주 단순한 블록과 그런 블록이 담고 있는 좀 더 복잡한 정보 간의 관계에 통달했다.

이것이 당신에게는 무슨 의미를 지니는가? 당신이 인테리어 디자이너라고 해보자. 만약 고객이 "프랑스 시골풍 집을 원해요"라고 말했다면, 이 사람에게 실제로 '프랑스 시골풍 집'이라는 문구를 블록으로 사용해서 말해야 한다. 사람들은 자기가 살고 싶은 집에 **감정을 쏟는다**. 잠재 고객이 '프랑스 시골풍 집'에 살고 싶다는 욕망을 전달했으므로 당신은 이 생각에 감정이 담겼다는 사실을 안다. 그렇다면 당신은 구두로 영업을 할 때든 홍보용 프레젠테이션을 할 때든 고객 설득용 자료의 모든 세부 사항을 이 감정이 담긴 문장과 연관 지어서 '프랑스 시골풍 집'이라는 블록 문구를 철저하게 되풀이해야 한다. 메시지에서 블록은 '화살촉'이다. 나머지 프레젠테이션 부분은 '화살대', 즉 블록을 뒷받침하는 복잡한 정보다. 물론 당신은 사상 최고의 프랑스 시골풍 인테리어를 내놓아야 한다. 그렇지 않으면 성공은 오래가지 못할 것이다. 블록 문구는 내부 지침 또는 당신이 내놓을 결과물을 검열하는 역할을 해야 한다. 이를 제대로 해낸다면 편안한 관계를 맺을 수 있을 뿐만 아니라 당신에게 필요한 것과 쏟아지는 기대에 맞춰 자신을 확인하고 기초를 다질 수 있다. 전체주의적인 태도를 지니라는 말이 아니다. 잠재 고객과 자기 자신에게 귀를 기울이고, 투명하고 솔직한 태도를 보이라는 뜻이다. 두드러지려면 약속한 바를 실천에 옮겨야 하며, 남들과 다르게 하거나 남보다 더 잘해야 한다.

사람들은 문제를 해결하고자 전문가가 되고 회사를 만든다. 문제는 본래 감정을 수반한다. 따라서 당신이 무엇을 해야 하거나 말해야 하든 간에 당신의 일은 누군가를 위해 문제를 해결하는 것이며, 그 과정은 **감정을 자극할 것**이라는 사실을 이해해야 한다. 당신이 설득하려고 하는 상대에게 귀를 기울여라. 그러면 상대방은 자신에게 가장 크게 영향을 미칠 블록을 순순히 건네줄 것이다. 하지만 우리는 대부분 남의 말을 잘 듣지 않는다.

이 접근법이 너무 단순하다거나 반복적으로 느껴지더라도 피하지 말라. 구체적이거나 기술적인 세부 사항에 관한 정보를 너무 많이 늘어놓았다가는 일감을 잃게 될 가능성이 높다. 장황한 설명을 들으면 잠재 고객은 그들 행동 이면의 감정적인 이유와 거리를 두게 되기 때문이다. 자기 자신을 드러내고 고객과 관계를 잘 맺고 싶다면, '프랑스 시골풍 집'이라는 단어를 메시지의 화살촉으로 끊임없이 반복해서 사용하고, 작업에 관한 모든 세부 사항을 이 감정 단서에 맞춰서 구성하라. 그러면 당신 고객은 좀 더 느긋하고 편안해하며 신뢰가 두터워질 것이며, 당신과 고객 모두에게 중요한 계획과 세부 사항에 훨씬 더 많은 관심을 기울일 것이다.

당신이 그 용어를 반복해서 사용하면 고객은 더 많은 관심을 기울일 것이며, 당신의 설명을 경쟁사의 설명보다 더 잘 기억할 것이다. '프랑스 시골풍 집'이라는 블록 구절은 단순하고 즉시 지각할 수 있는, 그 고객이 감정을 쏟는 대상이기 때문이다. 이 구절을 약삭빠르게 사용한다면 고객이 세부 사항을 보는 방식을 바꿔서 대개 잊기 십상인 구체적인 항목까지 기억하도록 이끌 수 있다. 구체적인 항목이 블록과 연결되므로, 블록을 기억하면 세부 사항까지 기억하게 된다.

재능과 무관하게, 업무의 세부 사항을 설명할 때 블록을 반복해서 사용하고 고객의 마음속에 아이콘을 새길 수 있는 미숙한 디자이너가 블록을 사용하지 않는 경력 디자이너보다 성공할 가능성이 높다. 아무리 광범위하거나 특이하더라도, 아무리 복잡하거나 평범하더라도 잘 들여다보면 모든 의사소통에는 메시지를 눈에 띄게 하고 두드러지게 하는 블록이 담겨 있다. 당신이 의사소통하려는 사람이 중요하게 여기는 바를 바탕으로 감정을 담아 신중하게 빚은 짧은 문장을 반복해서 사용하라. 그러면 목표 대상은 당신이 전달하는 정보를 더 잘 지각하고 기억할 것이다.

이는 당신의 목표 대상에게 무엇이 이익이 되는지 파악하고, 이를 블록으로 사용한다는 뜻이다. 블록은 응답을 요구한다. 앞서 말했듯이 직업과 기업은 문제를 해결하고자 존재하기 때문이다.

지금까지 우리는 블록, 즉 눈 깜빡할 사이에 관심을 끄는 대담하고 단일한 이미지나 진술, 메시지에 초점을 맞췄다. 그러나 전체 메시지나 제품을 뾰족한 화살촉과 긴 화살대로 이뤄진 화살이라고 생각하는 편이 좀 더 정확한 비유라고 할 수 있다.

화살촉 없이 화살대만 있는 화살을 쏜다고 상상해보라. 일관성 있게 표적을 맞추기란 불가능할 것이다. 반대로 활에 끼워 넣을 화살대 없이 화살촉만 쏜다고 상상해보라. 호수에서 물수제비를 뜨는 것처럼, 조준은 어긋날 것이고 활은 과녁을 벗어날 것이다. 따라서 블록이 매번 제 역할을 다하고 상대방의 마음속에 머무르기를 바란다면, 단일하고 단순하며 대담한 블록과 그 바로 뒤에 따라오는 복잡한 내용을 연결해야 한다.

월 드럭이 공짜 얼음물을 내세웠듯이, 빅스비 역시 블록을 이용해 고객의 감정적 관심사, 즉 무엇인가를 빠뜨렸거나 잘못 이해했거나 준수해야 할 법률을 감당하지 못할지도 모른다는 두려움을 직접 활용한다. 이어서 빅스는 규정 준수를 실현하기 위해 세상에서 가장 사용하기 쉽고 편안한 방법을 개발했다고 설명하고, 그 방법에 관한 각종 정보를 담은 설명서를 제공한다. 이런 2연타는, 엄청난 요구 사항에 계속해서 대처하기 위해 빅스비가 끊임없이 싸우고 있는 시장을 형성했다. 블록을 사용하면 당신은 경쟁에서 훨씬 앞서 나갈 것이며, 고객은 당신을 선택할 수밖에 없도록 이끌릴 것이다.

첨단 기술 산업에서도 목표 대상의 주요 관심사를 다룬 블록 문장이 어떻게 즉각적인 수요를 창출할 수 있는지 완벽하게 보여주는 사례를 찾아볼 수 있다. 인텔(Intel)은 강력한 기능을 다양하게 제공하는 브이프로(vPro)라는 새로운 칩을 개발했다. 문제는 처음에 인텔이 브이프로가 갖춘 온갖 특별한 능력 열다섯 가지를 모두 전면에 내세워 홍보했다는 점이다. 사람들이 대부분 그렇듯, 인텔 개발자들 역시 그들의 성과 전부가 너무나 자랑스러운 나머지 그 전부를 빠짐없이 한꺼번에 세상에 선보이고 싶었다. 그들은 업무 성과 전체, 즉 숲을 내세웠기 때문에 목표 고객들 중 그 누구도 자기에게 필요한 나무를 볼 수 없었다. 개발자들 귀에 조화로운 화음으로 들렸던 브이프로에 관한 메시지는 소비자들 귀에는 분간하기 어려운 소음으로 들렸다.

인텔은 최선을 다했지만 브이프로는 인기를 얻는 데 실패했다. 게다가 신규 제조업체들이 비슷한 제품을 기업 간 시장에 점점 더 싼 가격으로 내놓으면서 경쟁은 더 치열해졌다. 인텔은 제품의 원래 가격을 유지하면서 시장 점유율을 지킬 방법을 찾아야 했다. 신제품에서 고객들이 실제로 관심을 보이는 기능이 무엇인지 물었을 때, 브이프로 영업팀은 고객들이 특별한 보안 기능에 주로 흥미를 나타낸다고 입을 모았다. 이는 바로 사용 중인 기업 노트북을 원격으로 제어하고 감시하며, 필요한 경우 지울 수 있는 기능이었다. 독점 정보를 많이 가진 대기업들은 당연히 보안을 중요하게 생각한다. 이 개념은 인텔의 블록, 즉 모든 고객이 혹하고 즉시 이해할 수 있는 단일한 발상이자 특이한 광고판이 됐다.

인텔은 제품 메시지를 중심으로 '인터넷을 사용하지 않는 업무 현장을 위한 최첨단 보안'이라는 블록 문장을 기치로 내세우고 전면적으로 홍보했다.

브이프로를 보안 제품이라고 즉각적으로 이해하게 되자, 기업들은 이 제품을 필요하다고 생각하고 원하게 됐다. 인텔은 블록 제품 메시지와 브랜드를 통해 제공 범위를 대상 고객이 가장 중요하게 여기는 단 하나의 단일체로 좁히고, 이를 쉴 새 없이 반복했다. 브이프로는 다양한 성능을 갖췄지만, 인텔은 이렇게 했다. 인텔 판매팀은 여전히 브이프로의 다른 기능과 세부 사항을 홍보하지만, 오로지 대대적으로 알리고 있는 블록을 먼저 제시한 다음에만 다른 특징을 설명한다.

이는 감정과 관련된 메시지를, 관심을 끄는 몹시 떠들썩한 방식(화살촉)으로 말함으로써 이뤄낸 결과다. 고객은 여러 개의 출구가 끝없이 이어지는 고속도로를 달리는 가운데 원하는 제품이나 서비스를 찾고 있다는 사실을 기억하라. 그들은 자기 필요에 가장 부합하는, 눈에 띄고 대담하며 커다란 표지판이 가리키는 출구로 나갈 것이다. 이 사실을 이해하고 나면 경쟁자를 단박에 제칠 수 있다. 만약 경쟁자들 역시 이 사실을 알고 있다면 눈에 띄는 도로 표지판을 만들기 위해 고객에게 좀 더 절실하게 필요한 무엇인가를 확보해야 한다.

그림이든 사진이든 혁신적인 발상이든 기업 윤리든 컴퓨터 칩이든, 메시지가 넘치는 세상에서 성공은 화살촉이나 도로 표지판 같은 것, 즉 블록에서 시작된다. 나아가 블록을 되풀이하면 우리 모두가 매번 성공할 수 있는 아주 확실한 시스템을 확보할 수 있다. 인텔은 브이프로에 관한 메시지를 고객과 만날 때마다 어디서든 반복한다. 덕분에 그 메시지는 고객들의 마음속에 아주 빨리 '아이콘'으로 남았다.

당신의 거대한 블록 화살의 촉이 화살대에 어울리지 않을 만큼 훨씬 크다고 생각해보라. 적어도 눈으로 보기에 전면에 내세운 방식은 그렇다고 하자. 일단 화살이 표적을 맞히고 나면, 화살대 역시 화살촉(블록)만큼이나 큰 의미를 지닌다. 화살대가 있어야 화살

복잡한 정보 + 전달하고 싶은 구체적인 세부 사항 ▶ 블록

목표 대상에게 '블록'을 충분히 반복하면 사람들의 머릿속에 들어가 아이콘이 된다. 블록은 때만 기다리고 있는 아이콘이다. 블록을 반복하면 당신이 닿고 싶어 하는 사람들의 마음속에서 금방 아이콘이 생겨난다.

촉이 날아서 깊숙이 찌르고 마음속에 박힐 수 있다.

단순함을 먼저 내세우면 주의 산만을 제거하고 데이터 과부하에 대한 인간의 저항을 타파할 수 있다. 블록에 싣는다면, 복잡한 정보라도 사람들은 손쉽게 기억하게 된다.

이때 핵심은 세 개 이하의 블록을 좀 더 복잡하거나 전문적인 정보와 번갈아가며 끊임없이 반복하는 것이다. 그렇게 복잡한 정보와 블록을 섞어서 배치하다 보면 당신이 전달하려는 메시지는 대상의 주의 산만을 극복하고 파고들어 마음속에 남게 된다.

블록이 효과를 발휘하려면 모든 책자, 광고, 웹사이트 등 당신이 목표 대상을 겨냥하는 모든 것에 **거대한 문자와 이미지를 넣어**

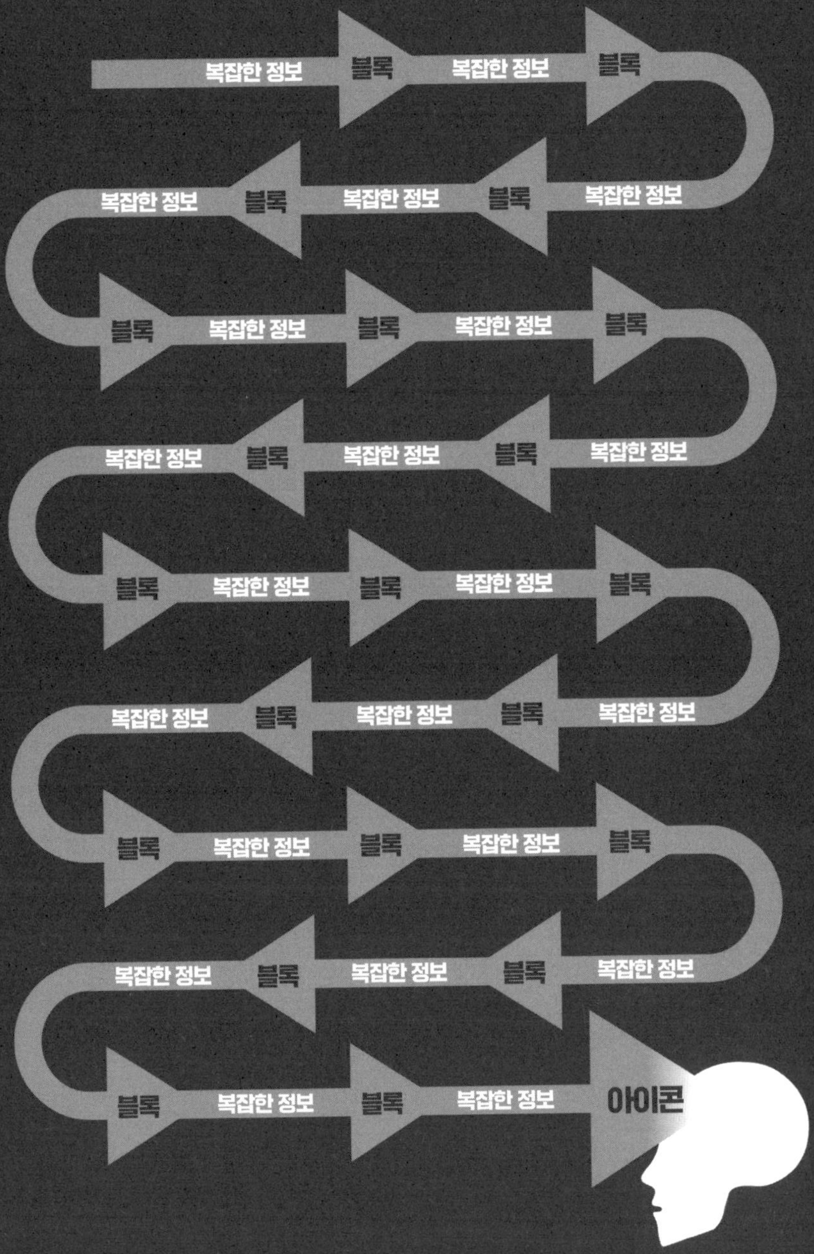

서 한눈에 머릿속에서 처리되도록 해야 한다. 당신이 무엇을 전달하고 싶든 이것이 접근점이자 입구, 도로 표지판, 관문 역할을 해준다. 블록을 사용하지 않는 것은 당신 자신과 당신이 실제로 말하고 싶은 바를 장벽 안에 가두는 행위다.

목표 대상을 사로잡기에 완벽한 블록을 만들었다고 하더라도 그들이 볼 수 있을 만큼 크게 외치지 않는다면 그들에게 파고들지 못한다.

전문적으로 메시지를 만드는 광고 전문가는 관련 역학을 제대로 이해하지도 못한 채 몇 세기 동안 소비자의 변덕이라는 수수께끼를 풀려고 노력해왔다. 아무런 의미도 지니지 않는 듯한 헛된 슬로건이 그토록 많이 눈에 띄는 원인이 여기에 있다. 광고 회사들은 메시지를 즉시 지각할 수 있는 내용으로 요약해야 한다는 사실을 알지만, 이를 소비자가 진심으로 관심을 갖는 내용으로 축약하는 방법까지 아는 경우는 무척 드물다. 그들은 화살촉이 중요하다는 사실은 알지만 화살대가 지니는 힘을 과소평가한다. 아니면 영향력이 약한 화살대에 치중한 나머지 화살촉의 추진력을 염두에 두지 않은 채 복잡한 세부 사항에 지나치게 초점을 맞춘 메시지를 만든다. 심지어는 제대로 된 대안을 찾지 못해 무의미하고 진정성 없는 화살촉을 만들기도 한다. 블록을 통해 진정하고 투명하며 단도직입적인 메시지를 만든다면 반드시 효과적인 아이콘을 만들 수 있다.

앞에서 나는 블록이나 아이콘은 슬로건이 아니라고 말했다. 그런데 슬로건이 블록이 되는 경우는 있다.

슬로건은 사람들이 당신이나 당신 작품, 당신 회사에 관심을 가지도록 이끌기 위한(그러나 종종 그 목적 달성에 실패하는) 단어 모음이다. 블록은 잠재적인 목표 대상이 진심으로 관심을 가진 핵심 내용으로 직행하게 하는, 감정을 담은 화살촉이다. 슬로건이 이런 역할을 한다면 그 슬로건을 블록이라고 부를 수 있다.

1978년부터 1983년까지 페덱스(FedEx)가 사용했던 광고 문구 "밤사이에 무조건, 분명히 그곳에 도착해야 할 때(When it absolutely, positively has to be there overnight)"는 지금까지 나온 최고의 슬로건(동시에 블록) 중 하나다.

이 슬로건은 독특한 접근법이었다. 페덱스가 고객들을 위해 해결하는 문제를 정확히 짚어서 문자 그대로 표현했기 때문이다. 당시에는 기업이 자사가 제공하는 서비스의 최종 결과를 서술하는 일이 드물었다. 또한 이 광고는 감정을 자극했다. 이메일과 인터넷이 없었던 시절에는 페덱스와 그 외 다른 기업 두 곳만이 민감한 정보나 원본 정보를 빠르게 보낼 수 있는 유일한 수단이었다. 게다가 '무조건, 분명히'라는 구절은 밤사이에 도착해야 할 소포를 보내는 고객들이 느끼는 절박함을 강조했다. 이런 페덱스의 메시지는 표어라기보다는 사실 서술이다.

대규모 메시지과 현대 세계의 주의 산만

폭진한 정보 폐기

블록은 현대에 팽배한
주의 산만을 극복해서 주의를 끌고
목표 대상의 머릿속에 남는다.

폭진한 정보 임프린트

지금은 페덱스와 비슷한 배송 서비스를 제공하는 기업이 많지만, 페덱스가 자사를 아주 효과적으로 아이콘화한 덕분에 밤사이에 도착하도록 어딘가로 물건을 보내야 할 때, 소포를 '페덱스로 보낸다'고 말하는 사람이 여전히 많다. 시장이 변화하고 시대가 변화하므로 시간이 흐르면 아이콘 역시 바뀌어야 할 수도 있다. 디지털 세상에서 하룻밤 사이에 물건을 보내는 일의 중요성은 예전보다 다소 줄어들었지만, 핵심은 당신이 목표 대상을 위해 하는 일을 노골적으로 어디에서나 뻔뻔하게 반복하는 것이다.

우리가 접하는 광고나 문자 메시지, 이메일은 마치 한낮 햇볕에 물방울이 증발하듯이 잠시 머물렀다가 순식간에 사라진다. 그러나 심금을 울리는 블록은 메시지가 계속 남아 있도록 돕는다.

스스로에게 물어보라. 당신은 고객을 위해 무엇을 하는가? 당신은 고객을 위해 어떤 문제를 해결하는가? 당신이 제공하는 제품이나 서비스는 어떤 결과를 달성하는가? 당신의 예술은 어떤 욕구를 충족하며 어떤 부류의 사람을 끌어들이는가?

당신의 홍보물을 보라. 당신은 고객의 감정적 관심사를 얼마나 크고 대담하게 진술하고 있는가? 당신의 메시지는 한 면 전체를 차지하는 표제처럼 야단스럽거나 눈에 잘 띄는가? 당신이 메시지 전달에 어떤 매체를 사용하든, 워홀이나 반 고흐, '빨간 고무공' 사나이처럼 중심 이미지를 '대담하게' 전달하고 있는가?

브리드 법칙과
코카콜라

19

이루 다 말할 수 없다. …… 파괴할 수 없다! 무엇도 그것을 막을 수 없다!

영화 〈물방울(The Blob)〉의 홍보 문구

잘 작성해서 수월하게 되풀이되는 아이콘은, 1950년대 말의 공포 영화 〈물방울〉에 등장하는 생명체 '물방울'이 마치 현실로 나타난 것과 같다. 물방울은 무엇인가를 집어삼킬 때마다 몸집이 불어나고 더 강해진다. 마찬가지로, 블록을 되풀이할 때마다 아이콘은 더욱 커지고 강력해지며 더 큰 영향력을 발휘한다.

블록을 어디서나 철저하게 되풀이하면
그만큼의 수요가 창출된다
= 브리드 법칙

Blocks Repeated Exhaustively Everywhere Equals Demand=BREEED

일반적으로 눈덩이 효과(Snowball Effect)라고 하는 브리드 법칙은 블록을 적용하고 즉시 사용할 수 있도록 해주는 공식이다. 블록을 반복해서 사용함으로써 강력한 아이콘을 만들 수 있다. 어떤 분야에 종사하는 누구라도 자신이 만들고 있거나 공유하고 있거나 지금 현재 하고 있는 일을 철저히 되풀이함으로써 관심과 수요를 창출할 수 있다.

어디에서나 항상 당신의 블록을 의도적으로 반복한다면 그 블록은 아이콘이 될 것이다. 당신이나 당신의 제품, 서비스, 아이디어, 메시지, 예술을 대표하는 블록을 만들고 이를 어디에서나 되풀이한다면, 굴릴수록 커지는 눈덩이처럼 즉시 관심과 관여를 이끌어낼 것이다.

산등성이를 타고 굴러 내려오는 눈덩이처럼 블록은 반복할수록 점점 더 커지고 빨라지고 강력해진다. 10분짜리 연설이든 10년짜리 판촉 혹은 매출 창출 캠페인이든, 이는 똑같이 적용된다.

반복은 직관에 어긋난다는 사실을 기억하라. 과하게 반복하면 어색하고 거북하게 느껴질 수도 있지만, 여전히 효과는 발휘된다.

또한 정확히 똑같거나 아주 유사한 문구 혹은 이미지를 반복하는 방법은 항상 최고의 전략이다. 했던 말을 계속 되풀이하다 보면 어색하거나 이상하게 들릴 때가 있을 것이다. 그렇더라도 계속하라. 똑같은 말을 되풀이하기가 너무 부자연스럽게 느껴진다면, 개념을 블록으로 만들 때 똑같은 내용을 다양한 방식으로 표현하는 방법을 찾아라. 이를 신호라고 생각하라.

테네시주 채터누가에 있는 작은 기업 로드텍(Roadtec)은 아주 커다란 기계를 발명했다. 이 기계는 대단히 획기적이었지만, 몇 년 전까지만 해도 매년 한두 대밖에 팔지 못했기에 회사는 겨우겨우 명맥을 유지하고 있었다. 로드텍이 만든 기계는 암석 분쇄 기능과 자갈길 포장 기능을 하나로 합친 장비다. 이 장비는 통행할 수 없는 오래된 바위투성이 벌목 도로 위를 지나가면서, 통로에 있는 바위를 깨서 울퉁불퉁한 자갈로 만들어 차가 다닐 수 있는 평탄한 도로로 훌륭하게 바꿔놓는다. 벌목 회사와 광산업체가 사용하면 아무리 험난한 땅이라도 차가 통과할 수 있는 길을 만들 수 있다.

　가족이 경영하는 작은 기업이었던 로드텍은 단 몇 년 만에 성장해 제품 라인을 확장했으며, 분쇄기와 포장기에 대한 수요가 기하급수적으로 증가했다. 로드텍이 이렇게 성장한 이면에는 보기 드물게 수십 년 동안 블록 헤드라인을 반복해서 사용해온 홍보 기업 파워피알(PowerPR)의 활약이 있었다. 파워피알은 로드텍 홍보에 다음과 같은 블록을 사용했다.

- **자갈길 보수: 문제를 파묻지 말고 으스러뜨리세요.**

당신이 보기에 이 문구는 아무런 의미도 지니지 않을 수 있다. 하지만 차가 다닐 수 있는 길을 만들어야 하는 산림청이나 벌목 회사 직원에게는 무척이나 감정을 자극하는 말이다. 파워피알은 기본 기사문을 만들어두고, 특정 계층을 겨냥한 다양한 출판물에 계속해서 실었다.

파워피알은 블록 문장 하나를 제시하고, 풍부한 정보를 담은 문서를 덧붙이는 형식으로 기사문을 작성한 다음, 이 기사문을 한 번에 석 달에서 여섯 달에 거쳐 타깃으로 정한 잡지들에 반복해서 게재한다. 파워피알이 만드는 기사문 표제, 즉 블록은 언제나 대상 고객의 주요 감정적 관심사를 해결하고자 의뢰인이 내놓은 해결책과 이어진다. 파워피알은 같은 시기에 같은 제목으로 업계 잡지의 특정 섹션에 기사를 낸다. 그렇게 하면 목표 고객이 같은 기사와 제목을 여러 장소에서 여러 차례 보게 될 가능성이 높아진다. 이런 반복은 힘을 지니며, 이전에는 눈에 잘 띄지 않았던 로드텍이 높은 수익을 올리는 기업으로 번창하는 데 기여했다.

블록을 받아들이는 사람이 블록과 감정적으로 연결되는 경우, 그 블록의 가치는 두드러지게 높아진다. 그러나 감정적 호소력을 지니지 않았으면서도 오랜 세월에 걸친 반복의 힘만으로 아이콘이 된 상징도 많다. 오웰이 지적했듯이, 결국 어떤 문장이든 충분히 반복하면 감정 자극 여부와 무관하게 유대 관계를 형성한다. 서구 사회에서 크리넥스(Kleenex), 밴드에이드(Band-Aid), 제록스(Xerox), 코카콜라(Coke) 같은 이름은 너무 자주 반복해서 쓰인 나머지 그 제품군 자체를 의미하는 단어가 됐다.

언어 전문가들은 이런 상표명을 가리켜 '등록상표 유래 이름(proprietary eponym)'이라고 부른다. 이는 한때 상표명이었으나 지금은 총칭으로 사용되는(지난 장에서 살펴봤던 페덱스처럼) 단어를 의미한다.

그렇다면 어떤 방법으로 등록상표 유래 이름이 되는 걸까? 바로 반복이다. 그런데 여기에도 지름길이 있다. 브리드 법칙을 사용해서 과정에 걸리는 시간을 단축하고 단시간 내에 결과를 낼 수 있다. 즉 심사숙고함으로써 즉시 지각할 수 있고 공감을 이끌어내는 아이콘을 만드는 것이다.

블록은 목표 대상의 주목을 찰나에 끌 수 있고, 같은 이유로 2년이나 5년 심지어 1만 년이 지난 뒤에도 여전히 인정받을 것이다. 작은 개별 블록 표현들이 눈덩이처럼 굴러 더 큰 단일 표현으로 바뀌고 결국 아이콘이 된다.

집단의식에 침투하려면 베토벤이 작곡한 교향곡이나 스톤헨지 같은 신비로운 유물처럼 오래됐거나 유명해야 한다고 생각하는 경우가 많다. 그러나 어떤 사물이 오래된 정도와 명성의 수준은 우리가 그것을 기억하는 이유와 별다른 관계가 없다.

당신이 개념을 전달하는 방법은 상대방이 당신과 당신의 생각을 보는 방식을 결정한다. 또한 당신이 신뢰성을 갖출 수 있는지, 똑같이 관심을 요구하면서 경쟁하는 다른 상대들을 제치고 당신이 선택될지 여부도 결정한다.

진정한 아이코니스트는 블록을 갈고닦아서 어수선한 대중의 주의 산만과 개인 희석 현상을 헤치고 나아갈 뿐만 아니라 최대한 빨리 목표 대상의 머릿속에 박히도록 한다. 대담하고 단순한 블록을 의도적으로 반복하면, 오랫동안 통제할 수 없다고 여겨왔던 과정의 속도를 올리는 기적을 이룰 수 있다.

오랜 세월에 걸쳐 반복하면 지극히 단순한 이미지에도 복잡한 정보를 실을 수 있다. 골든 아치(Golden Arches, 맥도날드를 나타내는 노란색 M자 모양 로고 – 옮긴이)를 생각해보라. 맥도날드라는 이름을 떠올리기도 전에 아마 당신은 머릿속에 맥도날드의 인기 메뉴들을 늘어놓고 당신이 그곳에서 마지막으로 주문했던 음식의 맛과 냄새를 생생히 떠올릴 것이다. 광고 음악이나 광고 중 하나를 떠올릴 수도 있다. 거대한 골든 아치라는 아이콘 상징이 이런 정보를 전달한다. 고속도로를 타고 가다가 그 아이콘을 보는 순간, 아무런

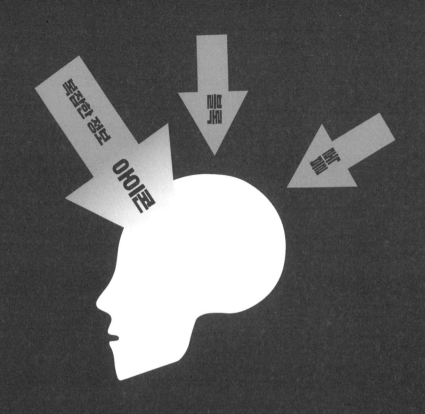

반복을 통해 강화되는 아이콘

말도 필요 없이 맥도날드의 모든 메뉴가 이미 당신 머릿속을 스쳐갈 것이다. 그 아이콘은 맥도날드라는 이름 외에 훨씬 많은 것을 나타낸다. 바로 맥도날드에서 경험하는 모든 것이다. 마찬가지의 경우로, 사랑하는 사람의 사진을 볼 때 우리는 그 사람과 함께 겪었던 수많은 사건, 감정까지 연관 지어 떠올린다. 우리가 원하든 원하지 않든, 이런 기억과 감정이 순식간에 밀려들어온다. 이렇듯 단순한 상징 하나가 엄청난 정보를 지닐 수 있다. 이 진실을 잘 이용한다면 엄청난 변화를 가져올 수 있다.

아이코니스트는 단순한 블록으로 말하는 동시에, 가능하다면 예상하지 못한 방식으로 말한다. 고유성은 마치 정신을 위한 사탕과 같다. 당신의 고유한 자아를 대표하는 특이한 블록은 이를 받아들이는 사람에게 강력한 호기심을 불러일으키면서 한층 더 즉각적인 관심과 이해력을 요구하기 때문이다. 같은 것을 계속해서 되풀이하기 부적절한 상황이라면 당신 메시지의 정서, 즉 감정에 숨은 의미를 블록으로 만들어서 반복하라.

브리드 법칙은 목표 대상이 당신의 제품이나 발상을 찾도록 돕는 데 그치지 않는다. 이는 당신도 돕는다. 구체적인 정보의 요점만 뽑아서 계속해서 되풀이하는 행위는 무척 안정적이며, 당신 개인의 평정 수준을 현저히 높인다. 글로 쓰든 말로 하든 음악으로 만들든 시각으로 표현하든 간에, 이런 행위는 자기가 행하는 홍보와 의사소통을 더욱 긍정적으로 느끼게 할 것이다. 일관성을 유지하면서 반복할 때 우리는 자신이 하는 일의 기반을 더욱 확신하게 된다. 그런 행위는 우리가 행하고 말하기로 선택한 바를 자기 자신에게 전달하는 소통이자, 우리가 그 일을 왜 선택했는지 생생하게 상기시키는 일이기 때문이다. 이것은 기업이나 개인의 목적이자 진실성이며, 한 예술가 개인의 양식을 파헤치는 일이기도 하다. 따라서 블록을 되풀이할 때 우리는 그것이 정보의 과부하와 희석이라는 난관을 헤치고 나아갈 것임을 느낄 수 있고, 그 느낌을 즐긴다.

The
ICONIST

4부

—

MZ세대를 사로잡는
아이코니스트의 전략

첫 번째 전략, 진정성

20

진실과 정의보다 고귀한 종교는 없다.

마하트마 간디, 《윤리적 종교(Ethical Religion)》

내가 지금까지 한 번도 실수한 적이 없다고 말한다면, 당신은 어떻게 생각할까? 만약 내가 역사상 최고의 춤꾼이고, 언제나 최고였으며, 지금까지 도전한 모든 일에 성공했다고 선언한다면? 내가 올림픽에 출전할 수 있을 수준의 피겨 스케이팅 실력을 갖췄고, '머스터드쿤도'라고 하는 손수 발명한 무술의 10단 유단자라고 주장한다면?

이 말을 듣자마자 당신은 의심할 것이고, 곧 내가 거짓말쟁이이며, 나아가 어쩌면 살짝 미쳤을지도 모른다고 결론 내릴 것이다. 광고도 마찬가지다. 자기도취에 빠진 광고는 제정신이 아니라는 인상을 준다. 그런데도 자사가 얼마나 위대한지 쉴 새 없이 읊어대는 광고로 제품을 판매하려는 기업들이 너무 많다. 그 결과는 어떨까? 디지털 시대에 스스로 '완벽'하다고 치켜세우는 기업들은 목표 고객의 신뢰를 잃게 된다.

소셜 미디어 시대가 도래하기 한참 전이자 인터넷 광고가 큰 힘을 발휘하기 전인 1999년에, 코카콜라 마케팅 최고 책임자 세르히오 시만(Sergio Zyman)은 이미 이 문제를 인식했다. 그는 자신이 쓴 베스트셀러 《우리가 알고 있던 마케팅은 끝났다(The End of Marketing as We Know It)》의 결론에서 **"전통적인 마케팅은 죽어가고 있는 게 아니라, 이미 죽어버렸다!"**라고 선언했다.

시만은 다음과 같이 말을 이어갔다.

● 대중 광고는 대중을 움직이는 힘을 잃었다. 기술은 과거보다 훨씬 더 많은 선택지를 사람들에게 제공했고 소비자 민주주의 시대를 열었다. 사람들은 어떤 제품을 사려고 하든 수많은 선택지를 누리며, 셀 수 없이 다양한 제품이 소비자의 지갑을 열고자 경쟁을 벌인다. 따라서 마케터들은 점점 더 고객 개개인 혹은 소규모 집단을 대상으로 이야기를 나눌 수 있는 방법을 찾게 됐다. 선택지가 다양하다 보니 각 고객이 결정을 내릴 때 중요하게 여기는 요소도 서로 다르다. 그러므로 마케터들은 특정 고객의 관

심사에 호소하는 요인을 찾아내야 한다.

이 도시에서 '최고의 피자'를 판다고 주장하는 레스토랑을 몇이나 봤는가? 자사가 최고라고 주장하는 광고는 세상에 존재하는 모든 제품과 서비스 분야에서 볼 수 있다. 알 리스(Al Ries)와 로라 리스(Laura Ries)가 《마케팅 반란(The Fall of Advertising and the Rise of PR)》에서 지적했듯이, 1960년대 말부터 1970년대 초 사이에 광고가 대량으로 확산되면서부터 우리 사회는 자기도취적인 주장을 하는 광고를 미심쩍게 여겨왔다. 음료부터 아침식사용 시리얼, 담배와 금융기관에 이르기까지 현대 광고 역사는, 설탕물이 '활력을 준다'고 말하는 코카콜라나 '많은 의사가 다른 담배 대신 카멜을 피운다'고 주장하는 카멜처럼 입증할 수 없고 터무니없는 자기 홍보용 주장과 슬로건으로 가득하다. 이런 사례는 끝이 없다. 전 세계적으로 가장 유명한 제품과 브랜드들 속에서 이런 사례를 셀 수 없이 찾아볼 수 있다. 소비자에 대한 존중이 부족한 광고업계를 반영하는 슬픈 현실이다.

● "신선하고 건강에 좋은 호스티스"

– 호스티스 컵케이크

"남자가 손에 넣을 수 있는 최고의 면도기"

– 질레트

"그녀의 노래 강사는 부드러운 담배를 권했습니다"

－ 럭키 스트라이크

"하루에 한 그릇으로 불량배를 물리쳐요"

－ 애플 잭스 시리얼

"당신의 치과 주치의로서 바이스로이를 권합니다"

－ 바이스로이 시가렛

"뒤쳐지는 가족이 없도록"

－ 월드 파이낸셜 그룹

"비전이 세워지는 곳"

－ 리먼 브라더스

시간이 지나면서 이 모든 슬로건이 명백히 거짓임이 드러났지만, 기업과 광고업계는 여전히 매일같이 이런 주장을 펼친다. 스마트폰으로 금방 정보를 확인할 수 있는 세계에서 이런 주장은 대단히 무례하고 역겹게 다가온다. 기업은 우리가 살아가는 현재 세계에 입각한 방법으로 정보를 제공해야 한다. 슈퍼마켓 사탕 진열대에서 포장지를 훑어보라. 사탕, 젤리빈, 구미 같은 설탕 과자 상표에서 '저지방'이라거나 '무지방'이라는 단어가 얼마나 많이 눈에 띄는가? 이런 사탕류에 지방이 많이 들어가지는 않는다고 해서 몸에 좋은 것은 아닐 텐데도, 기업들은 저런 문구로 사실상 건강에 좋다는 의미를 은근히 내비친다.

몇 년 전에 〈하버드비즈니스리뷰(*Harvard Business Review*)〉가 마케팅 성과에 관한 모든 주요 데이터를 검토함으로써 현대의 '마케팅' 프로그램과 전략이 얼마나 효과가 있는지 보고했다. 그 결론에서 많은 기업주가 무력감을 느끼는 이유를 밝혔다.

- 마케팅 프로그램 중 84퍼센트가 실제로는 시장 점유율 하락을 초래했다.
- 더 많은 고객을 유치하려는 노력은 대부분 손실로 이어졌다.
- 판매 촉진 활동은 대개 손실을 유발했다.
- 광고의 투자 수익률은 마이너스 4퍼센트였다.
- 이미 자리 잡은 제품의 광고 예산을 두 배로 늘렸을 때 판매 증가율은 1퍼센트에서 2퍼센트에 그쳤다.
- 시장에 출시되는 신제품 중 90퍼센트는 실패한다.

광고가 거의 실효성을 잃었다는 실상에도 불구하고 자기도취에 빠진 광고는 여전히 우리가 서로 교류하는 방식과 인간으로서 서로를 신뢰하는 능력에 영향을 미친다. 이는 매출을 올리려고 노력하는 때에 국한되지 않는다. 이런 상황은 터무니없는 마케팅 문구 공세가 초래한 직접적인 결과라고 볼 수 있다.

우리는 완벽하다는 주장을 사실상 거짓말과 동의어로 느끼기에 이르렀다. 이는 대중매체와 끈질긴 광고가 믿기 어려운 메시지를 끊임없이 밀어붙이면서 그 주장의 진정성이나 정확성에 대해서는 책임지지 않은 결과다. 광고로 인해, 우리는 자기 잇속만 차리는 내용은 설사 그것이 사실이라고 하더라도 불신하게 됐다. 이런 회의적인 태도가 우리 삶의 다른 영역까지 퍼졌다. 우리가 동료나 배우자, 자녀, 친구, 상사, 심지어 고용한 직원에게 말할 때도 자기를 치켜세우는 표현을 쓰면 신뢰성을 갉아먹게 됐다. 직장에서는 동료가 우리에게 말하는 일화를 믿을 가능성이 줄어들었다. 비록 사랑하는 사람의 말이라도, 떠벌리듯이 이야기한다면, 평생광고의 맹공격을 받은 요즘 사람들은 감명을 받는 대신 오히려역겹다고 느낀다.

자기 홍보는 불신을 낳는다. 〈애드위크(Adweek)〉는 미국 소비자 82퍼센트가 대기업의 주장을 불신한다는 갤럽(Gallup)의 설문조사 결과를 실었다. 이런 현상은 수십 년 동안 계속됐지만 어디에서나 인터넷을 사용할 수 있는 환경이 되면서 절정에 이르렀다. 해당 기사는 광고 노출 과잉에 관해서, "지나치게 많은 광고에 노출되면 공격적으로 판매를 부추기는 메시지 일체를 단일하고 흐릿한 일종의 백색소음으로 치부하기 쉽다"라고 서술한다. 또한 우리 모두가 느끼는 광고의 신뢰도 하락에 대해, "대부분의 미국인들에게 광고주와 기업들은 꿍꿍이를 품은 낯선 사람들이 됐다. 즉 그들은 신뢰할 수 없으며 관심을 기울일 가치가 없다는 뜻이다"라고 말한다. 이제 우리는 완벽함은 곧 기만이라고 생각한다.

그렇다면 이런 상황은 아이코니스트에게 어떤 의미를 지닐까? 진실을 말하는 사람은 오직 한 가지 이야기만 한다. 따라서 당신이 세상에 무엇을 주장하든, 그 내용이 당신의 참된 측면을 보여주도록 해야 한다.

오늘날 진정성은 대단히 중요한 가치다. 심지어 기술 전문가 톰 헤이스(Tom Hayes)는 2014년에 발표한 《관련성(Relevance: Matter More)》에서 진정성을 첫 번째 원칙으로 꼽았다. 헤이스는 진정하지 않은 전제를 근거로 메시지를 만들면 반드시 실패할 것이라고 말한다. 이 과정에는 반드시 자기 인식과 자기 발견이 어느 정도 들어가기 마련이다.

헤이스는 다음과 같이 주장한다.

- 자신의 진정한 힘을 파악하고 자기 브랜드를 통해 이런 힘을 보여줄 때, 망상에 사로잡혀서 정신을 못 차리는 기업과 개인이 너무 많다. 마치 딴 세상에 살고 있는 듯하다. 형편없는 서비스를 제공하는 기업이 훌륭한 서비스를 제공한다고 사람들에게 말한다. 보잘것없는 차를 팔면서 화려한 최신 유행 감각을 구구절절 얘기한다. 스스로를 실제와 다르게 포장해서 주장하면 신뢰성을 파괴하는 동시에 당신이 실제로 지닌 힘을 가리게 될 것이다. 이는 모두를 패배자로 만드는 제안이다. 진정성을 끝까지 추적하고 정확하게 좇으려면 먼저 자기 망상이라는 풍선부터 터트려야 한다.

1990년대 초반 개봉작 중에 더들리 무어(Dudley Moore)가 출연한 〈크레이지 피플(Crazy People)〉이라는 영화가 있다. 그 줄거리는 이렇다. 미국 광고업계에서 최고 지위를 누리던 광고 책임자가 아내에게 버림받은 뒤 이성을 잃는다. 오랫동안 대중에게 거짓말을 하는 광고를 만들어온 그는 더 이상 자존감을 지킬 수가 없었다. 무어가 연기한 주인공은 제정신을 회복하고 추스르고자 뉴욕주 북부 시골 지역에 있는 정신 건강 전문 병원을 찾아간다. 그는 회사에서 가장 유능한 직원이었던 터라 사장은 그가 요양을 하는 중에도 일을 하라고 부추긴다. 그러나 입원 중이던 그는 통찰력을 얻고 자기가 해야 할 일은 오로지 광고에서 진실을 말하는 것임을 깨닫는다. 함께 입원해 있던 다른 환자들도 영감을 얻어 주인공의 업무를 돕고, 그들은 터무니없이 진실한 광고를 만들기 시작한다. 그들은 진짜 광고회사에서는 결코 통과되지 못할 광고 문구를 제안한다.

"당신이 암에 걸릴 위험을 무릅쓰고 있다면, 담배는 진짜 풍미를 전달해야 하지 않을까요? 당신을 죽게 만들지도 모르는 제품인데 정말 맛이 훌륭해야 하지 않을까요? 아말피 슈퍼 신스. 폐암에 걸릴까요? 어쩌면……. 풍미가 있냐고요? 물론이죠!"

"볼보를 사세요. 상자 모양이긴 하지만 튼튼하죠. 수많은 새로운 질병이 유행하는 요즘, 어차피 매력을 뽐내기에 좋은 시기는 아니니까요. 매력을 버리고 안전을 택하세요."

"파리는 잊으세요. 프랑스인들은 짜증 나요. 그리스로 오세요. 우리는 더 친절하답니다."

"메타무실. 화장실 가는 데 도움이 됩니다. 섭취하지 않으면 암에 걸려 죽을 거예요."

우스꽝스럽게 느껴질 수도 있지만, 지금 우리 문화에서 소비자 대부분은 경제 전반에 흘러넘치는 대중 광고에 비하면 이런 농담조의 광고가 차라리 더 믿을 만하다고 여길 것이다. 현재 우리는 근본적이고 진실한 의도를 말해야 하는 시대를 살고 있다. 〈크레이지 피플〉에 등장하는 정신병원 입원 환자들처럼 웃기지는 않더라도, 명확성과 진정성은 갖춰야 한다. 〈크레이지 피플〉에서 두 인물이 농담을 주고받는 장면은 꽤 인상적이다.

"전 국민에게 다 털어놓자!"

"우리는 전 국민에게 다 털어놓을 수 없어, 이 미치광이야. 우리는 광고 일을 하고 있다고!"

우리는 정말로 다른 시대를 살고 있다. 브랜드 충성도는 하락했다. 미국 제조업은 해외로 이전했다. 사람들은 매번 같은 자동차 모델을 구매하지 않으며, 대기업의 고용 보장도 예전 같지 않다. 그러다 보니 브랜드 정체성만 강화하는 광고는 효과를 발휘하지 못한다. 기술 발전으로 수많은 선택지가 생겨나면서, 소비자들은 가장 유명한 브랜드의 제품을 선호하기보다 가격 대비 성능이 가장 뛰어난 제품을 선택했다고 느끼고 싶어 한다. 금방 제품 정보를 찾아볼 수 있고 수많은 후기와 사용자 체험기를 읽을 수 있는 환경에서 소비자는 명백하게 자기 잇속만 차리는 누군가가 말하는 내용이 아니라, 자기가 직접 본 내용을 근거로 본인이 원하는 바를 선택할 것이다.

게다가 진정성은 말뿐만이 아니라 행동에서도 우러난다. 블록 문장을 만들 때는 당신이 목표로 하는 대상이 당신에게 바라는 행동뿐만이 아니라 당신의 실제 행동을 분명하게 반영하도록 하라. 잠재적인 고객을 염두에 두고 일을 한다면 쉽게 진정한 공감을 살 수 있을 것이다. 당신다움으로 다른 사람들을 설득할 수 없다면, 당신은 진짜 자기 자신이 될 수 있도록 일을 하는 방식이나 하는 일 자체를 바꿔야 할 것이다. 그러지 않고서는 지금 시대에 살아남을 수 없다.

오랫동안 정보산업 업계에는 추천이나 소개, 제삼자의 지지를 자기도취적인 광고의 대안으로 사용하는 발상이 널리 퍼져 있었다. 이런 방법이 브랜드 신뢰도 상승에 도움이 된다고 여겼기 때문이다. 이 접근법의 문제는 이런 전략을 접할 때, 특히 유명인을 내세운 광고를 남발하면 많은 사람들이 자동으로 관심을 꺼버린다는 사실이다. 전달되는 정보가 너무 적으면 신뢰도는 무의미해진다. 목표 대상이 당신이 어떤 사람인지, 당신의 메시지가 가치가 있는지 평가하려면 먼저 당신의 목소리를 들려줘야 한다.

이렇게 단순한 생각이 오만한 광고업계를 다시 현실로 되돌리고 신뢰성을 회복시킬 수 있다. 광고는 간결하고 상징적인 본질을 지녔으므로 당연히 블록을 활용하기 좋은 분야다. 광고는 본래 반복적이니까.

블록을 활용하면 추천이나 소개 같은 방식을 사용하지 않고도 제품이나 아이디어, 메시지를 널리 알리고 신뢰성을 확보할 수 있다. 먼저 블록을 제시한 후, 투명하고 진정하며 단순하고 쉽게 이해할 수 있는 정보를 제공하면 된다. 블록이 모은 관심을 유지하고, 대상을 한층 더 사로잡을 수 있다. 그러면 완벽함이 기만이라면, 당신이 어떤 사람이고 무슨 일을 하는지 솔직하고 진정하게 내세워야 한다. 오늘날 투명성은 그 어느 때보다도 중요한 가치다.

두 번째 전략, 투명성

21

사람들은 내가 구닥다리인 데다가 과거에 산다고 말하지만,
때때로 나는 진보가 너무 빨리 진보한다는 생각이 들어!

닥터 수스(Dr. Seuss), 《로렉스(*The Lorax*)》

우리는 철저히 투명한 시대에 살고 있다. 요즘 의사소통 수단은
과거보다 더 풍부할 뿐만 아니라 맹렬한 속도로 움직인다. 누군가
가 진정성이 우러나지 않는 말을 하는 것을 항상 간파할 수는 없
지만, 진정성이 우러나는 말을 하고 있을 때는 거의 항상 알아차
릴 수 있다. 투명성은 신뢰를 형성한다.

뒷면에 실은 도표는 우리가 사는 세상이, 역사 전체로 봤을 때
찰나에 불과한 겨우 50년 만에 얼마나 많이 변했는지 보여준다.

케이블 뉴스 채널들은 세계 곳곳에서 사건이 발생한 시점부터

미국의 통신 매체 성장세

	1968	현재
문자 메시지 발송[건]	0	2,000,000,000+
휴대전화[대]	0	279,000,000
인터넷 사용자[명]	0	245,000,000
유선 전화[대]	41,600,000	151,000,000
위성 라디오 방송국[개]	0	227
일반 라디오 방송국[개]	5,158	14,952
일반 텔레비전 방송국[개]	603	1,783
신문사[개] [종이 신문 발행사]	13,212	13,670

종이 신문 기술은 그다지 변화하지 않았으므로 종이 신문 매체 수는 50년 전과 그리 달라지지 않았다. 이 표는 현재 존재하는 수없이 많은 온라인 언론기관은 다루지 않았다.

출처: Census.gov, SiriusXM.com, AmericanRadioHistory.com, Stanford.edu.

계속 최신 정보를 알려주고자 끊임없이 경쟁하고 있다. 이런 경쟁으로 정보를 다루는 거대 조직이 생겨났고, 끊임없이 정보를 제공받게 될 것이라는 기대가 굳건해졌다. 문자 메시지, 이메일, 화상 채팅 같은 기술 덕분에 우리는 엄청나게 많은 정보원들과 즉석에서 연락을 주고받을 수 있다. 또 즉시 의사를 전달하고, 즉시 답변이 오기를 기대한다.

아이러니하게도 인터넷처럼 기술이 주도하는 정보원도 항상 가장 정확한 정보를 제공하지는 않으며, 사람들은 대부분 그 사실을 알고 있다. 해리스여론조사소(Harris Interactive)에서 실시한 조사에 따르면 미국인 중 '인터넷에서 찾을 수 있는 정보를 불신'하는 비율은 98퍼센트에 달한다. 조사 대상이 제시한 이유들 중 근본적인 항목 네 가지가 정보 범람과 관련이 있었다.

- 지나치게 많은 광고(59퍼센트)
- 시대에 뒤떨어진 정보(56퍼센트)
- 자기 홍보용 정보(53퍼센트)
- 잘 모르는 온라인 커뮤니티(45퍼센트)

인터넷에서 사실 여부를 확인할 때도 우리는 여전히 우리가 찾은 정보를 경계한다. 좀 더 구체적으로 말하자면, 인터넷에서만 찾아볼 수 있는 뉴스 출처에 대한 신뢰도는 무척 낮아서, 이런 사이트에 게재된 정보를 믿는다고 말한 사람은 12.5퍼센트에 불과하다. 한편 전통적인 매체에 대한 신뢰도 역시 별반 다르지 않다. 스마트폰이 생겨나기 한참 전인 1990년대 말부터 갤럽은 미국인들을 대상으로 다음과 같은 설문 조사를 실시해왔다. "전반적인 뉴스의 완전성, 정확성, 공정성 측면과 관련해 신문, 텔레비전, 라디오와 같은 대중매체를 얼마나 신뢰하고 확신하는가? 매우 신뢰한다, 신뢰하는 편이다, 그리 신뢰하지 않는다, 전혀 신뢰하지 않는다 중에서 고르시오."

미국인 중 인쇄 매체를 매우 신뢰한다고 말한 비율은 13퍼센트, 텔레비전과 케이블 뉴스를 매우 신뢰한다고 말한 비율 역시 14퍼센트에 그쳤다.

월터 크롱카이트(Walter Cronkite, 미국 대중에게 큰 신뢰를 받은 전 CBS 뉴스 간판 앵커-옮긴이)와 에드워드 머로(Edward R. Murrow, CBS 뉴스 유럽 특파원으로 활약한 유명 언론인-옮긴이) 시대 이래로 언론 매체에 대한 대중의 견해는 완전히 바뀌었고, 그 사실 여부를 밝히는 연구를 하지 않더라도 우리는 모두 이를 잘 알고 있다. 앞 장에서 언급했듯이 광고에 대한 불신은 사회 통념으로, 전혀 놀라운 일이 아니다. 아무도 광고를 믿지 않는다고 말하더라도 이에 이의를 제기할 사람은 별로 없다. 충격적인 측면은 이런 경험이 우리가 모든 대중매체 정보를 처리하는 방식에 영향을 미쳤다는 점이다.

우리는 너무 많은 데이터, 이런 방대한 정보와 상호작용하는

대중매체에 대한
미국인의 신뢰도

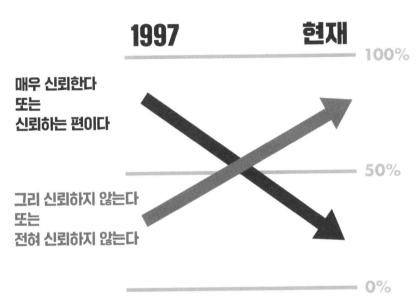

1997 **현재**

100%

매우 신뢰한다
또는
신뢰하는 편이다

50%

그리 신뢰하지 않는다
또는
전혀 신뢰하지 않는다

0%

출처: Lymari Maralis, "U.S. Distrust in Media Hits New High", Gallup(2012. 9. 21)

기술 진보에 억눌리고 있으며, 지나치게 정보가 많은 경우에는 아예 정보를 받아들이지 않거나 정보의 상대적 가치를 낮춰서 훨씬 적은 정보만 받아들이는 식으로 반응하기에 이르렀다. 그런데 인터넷을 불신하는 98퍼센트의 미국인은 여전히 전적으로 인터넷에 의존하고 있다. 우리는 이 모든 콘텐츠를 도저히 감당할 수 없으며 인터넷은 이런 부담에 대처하는 가장 손쉬운 방법이기 때문이다. 이런 상황은 마치 엔진이 망가지고 타이어에 바람이 빠진 차를 타고 급하게 시내를 가로질러 가려는 것과 같다. 웬만하면 그런 차를 운전하지 않겠지만 너무 간절하면 그런 차라도 탈 수밖에 없다. 정리하자면, 정보가 과도하게 넘치는 상황에서 우리는 콘텐츠 과부하에 대처하기 위해 무모한 대책을 동원하는 새로운 사고방식과 업무 방식을 어쩔 수 없이 선택하고 있다.

어떤 시장에서든 만약 당신이 두드러지고자 노력하고 있다면, 이런 환경은 어떤 의미를 지닐까?

우리가 투명성 시대를 살아가고 있다는 말은, 현대의 의사소통 수단이 너무 광범위하고 빨라서 누군가를 속이려는 노력이 더 이상 아무런 소용이 없다는 뜻이다. 정보를 곧바로 쉽게 손에 넣을 수 있는 사회에서 터무니없는 주장과 반쪽 진실은 통하지 않는다. 어떤 주장이든 진위 여부를 몇 초 안에 확인할 수 있는 세상에서, 사실인지 확실하지 않은 내용을 주장하기란 아이코니스트 입장에서 보기에 비효율적인 일이다.

블록은 슬로건이나 선전 구호와 다르다. 블록에 임무나 의도를 담을 수는 있지만, 당신이 진심을 표현하고 이를 뒷받침할 수 있다면 광고처럼 보이지는 않을 것이다. 기업은 기존 고객을 유지하고 새로운 고객을 유치하려면 진정한 투명성을 내세우기 시작해야 한다. 예술가와 장인, 디자이너들은 자기 작품에 대해 좀 더 투명하게 이야기해야 한다. 개방성과 투명성이 당신을 눈에 띄게 만들어줄 것이다.

기업 세계에서 예를 들어보자. 몇 년 전에 도미노피자(Domino's Pizza)는 전례 없이 1년 내내 주가 하락을 경험했다. 도미노피자는 스스로를 솔직하게 들여다보기로 결심했고, 어떤 부분을 잘못하고 있는지 깨달았다. 〈블룸버그비즈니스위크(*Bloomberg Businessweek*)〉는 소비자들이 도미노피자가 '형편없는' 동시에 '크러스트 맛이 판지 같다'고 생각한다는 냉혹한 현실을 보도했다. 이에 도미노피자는 고객들의 우려를 구체적으로 언급하는 소셜미디어 및 광고 캠페인과 더불어, 새로운 조리법을 개발하고 환불보장제를 실시했다. 도미노피자는 자사가 전 세계에 판매하는 제품이 지독하게 맛이 없다는 사실을 스스로 인정하고, 이 문제에 대담하고 상징적인 방식으로 접근했다.

우리는 형편없습니다.

도미노피자

이는 지극히 투명한 접근법이었다. 그 덕분에 도미노피자는 불경기가 한창이던 시기에 완전히 회복세로 돌아섰다. 도미노피자의 주가는 이례적으로 60배 상승해서 예전의 영광을 회복했고, 심지어 뛰어넘었다. 도미노피자는 진실을 소리 내서 공공연하게 언급함으로써 급격한 판매 증가로 이어지는 수요를 창출했다. 이 광고를 시작한 지 딱 석 달 만에 도미노피자는 사흘 안에 페퍼로니 재고가 바닥날 지경에 이르렀고, 넉 달이 지났을 때는 각 매장의 매출액이 평균 14퍼센트 상승했다. 도미노피자는 단 6년 만에 시장 점유율을 9퍼센트에서 15퍼센트로 높였다. 물론 2008년의 전 세계적 금융 위기로 많은 미국 피자 체인의 매출이 상승했다(피자는 저렴한 가격으로 가족 전체가 먹을 수 있는 음식이다). 그렇지만 시장 점유율, 주가, 수요 증가 측면에서 볼 때 도미노피자만큼 갑작스러운 호황을 누린 업체는 없었다.

투자 정보 사이트 모틀리풀(Motley Fool)이 밝혔듯이, 도미노피자는 자사 피자에 대해 솔직하게 털어놓고 문제점을 고치기로 약속했다. 모든 사람이 이미 생각하고 있지만 입 밖으로 내지 않는 문제를 털어놓으면, 즉시 신뢰를 얻게 된다. 투명성은 곧 힘이다.

믿기 힘들겠지만 투명성 때문에 불완전함이 밝혀지더라도 그런 불완전함이 신뢰도를 높일 것이다. 불완전함은 인간답다는 뜻이다. 전 세계적으로 민영화가 진행되면서 인간다움을 찾아보기 어려운 지금 시대에 우리는 인간성 회복을 갈구한다. 도미노피자 사례는 누군가가 솔직하게 툭 터놓고 말할 때 우리가 어떻게 느끼는지 확실하게 보여준다. 그런 솔직함은 사람을 끌어당긴다.

꾸밈없고 진심에서 우러난 말만큼 믿을 만한 것은 없다. 당신이 배우자, 자녀, 후원자, 지지자, 고객 등 그 누구와 소통하려고 하든, 단도직입적으로 투명하게 말하라. 상대방이 어떤 일을 하길 바라는지, 그 일이 상대방에게 어떤 이득을 가져다줄 것인지 직설적으로 설명하라. 곰 모양 젤리를 판매하는 사람이라면, 그 제품이 무지방이라서 '건강에 이롭다'고 완곡하게 말하는 대신 "맛있는 간식이 당길 때 곰 젤리를 드세요"라고 말하라. 장담컨대 이렇게 하면 분명히 더 많이 팔릴 것이다.

메시지는 언제나 진정성을 담아야 한다. 사람은 거짓말의 경우엔 때때로 집어내지 못하기도 하지만, 진실을 들을 때에는 항상 그것이 진실임을 안다. 투명성과 진정성은 신뢰를 낳는다. 진정성은 공감의 한 형태다. 진심에서 우러나는 말을 할 때 우리는 "나는 시간을 들여서 당신을 이해하려고 노력할 만큼 당신을 존중한다"라고 상대방에게 전달하는 셈이다. 오늘날, 상대방에 대한 공감은 신뢰성으로 받아들여지며 실제로도 그렇다. 이와 정반대되는 행위는 바로 우리가 보고 싶지도 듣고 싶지도 않은 자기중심적인 주장을 우리에게 마구 떠미는 것이다.

기술 발달로 어떤 주장이나 후기의 진위를 언제 어디서나 확인할 수 있게 되면서 우리는 모두 투명성을 기대하게 됐다. 또한 투명하지 않음을 확인할 때, 우리는 모욕감을 느낀다. 실시간으로 즉시 어디에서나 정보에 접속하고 공유함으로써 생겨나는 이런 기대감이 2009년에 아랍의 봄(Arab Spring) 운동을 촉발했다. 거의 모든 지역에 걸쳐 누구나 어디에서든 실시간으로 정보에 즉시 접속할 수 있었던 덕분에, 당시 부패 정권의 불투명성이 실체를 드러냈다. 아랍의 봄 운동 일환으로 일어났던 거의 모든 시위가, 미국인들이 음식점 후기를 나누는 사이트 엘프(Yelp)에서 클릭 한 번으로 방문할 수 있는 페이스북과 트위터를 통해 조직됐다. 아랍의 봄 운동은, 사람들이 자기가 반박할 여지없이 착취당하고 조종당하고 있다는 사실을 실시간으로 알게 되면, 그런 압제 정치의 멍에에서 벗어나기 위해 죽음을 무릅쓰고 싸울 것이라는 사실을 증명했다. 스마트폰과 온라인 정보 공유 덕분에 우리는 대담하게 진실을 찾고, 공유하며, 기대하게 됐다.

현대 사회는 만약 당신이 완벽하게 투명하지 않다면, 거짓말을 하고 있다고 예상한다. 게다가 엄청난 금액이 오가는 광고업계에는 마치 장난감 병정의 행진처럼 계속해서 거짓말로 우리를 꼬드기는 사람들이 너무 많다. 하지만 우리가 인정하든 그렇지 않든 간에 제품 판매와 사회 정의가 모두 지극히 투명성을 중심으로 돌아가고 있는 것이 요즘 실정이다.

정직해야 한다거나 도덕적이어야 한다고 설교하는 것이 아니다. 지금 우리가 살아가는 세계, 정보를 즉시 공유할 수 있고 검증할 수 있는 세상을 있는 그대로 설명하고 있을 뿐이다. 도덕성이 아니라 기술이 정직을 향한 이 움직임에 추진력을 보태고 있다. 말하자면 가장 솔직하고 정확한 정보를 가진 사람이 승리하는 자유 시장 정보 경쟁의 한 형태인 셈이다.

인기 있는 연구 교수 브레네 브라운(Brené Brown)은 20여 년에 걸쳐 취약성이 어떻게 사람들 사이에서 유대 관계를 촉진하는지 연구해왔다. 인간관계에서 한 사람 혹은 쌍방 모두가 지극히 취약한 경우 반드시 더 깊은 유대 관계를 형성한다. 〈취약성의 힘(The Power of Vulnerability)〉을 주제로 한 브라운의 테드 강의는 조회수가 거의 4,000만 번에 달하며, 역대 테드 강의 조회수 상위 5위 안에 들어간다. 나는 기업이나 조직, 기관에서 이 취약성과 맞먹는 요소가 투명성이라고 생각한다. 기업은 모든 측면에서, 즉 내부적으로는 직원에게 투명하고 외부적으로는 기업의 메시지나 제품, 서비스, 작품에 관여하는 협력업체, 목표 대상과 고객에게 투명해야 한다. 투명할 때 한층 더 깊고 한결같은 유대 관계를 형성할 수 있다. 인터넷이 우리에게 모든 정보를 즉각적으로 제공하면서 세상은 마치 유리 온실처럼 바뀌었다. 투명성을 내세우는 태도는 당신이 고객을 존중한다는 사실을 보여준다. 겉으로 분명하게 표현하지 않을 수도 있지만, 사람들은 모욕당했을 때 이를 분명히 감지하며, 당연하게도 자기를 무시한 대상에게 끌리는 대신 분개한다.

아이코니스트는 숲에서 자기를 드러내 보이는 가장 좋은 방법으로, 진실하고 분명하며 단도직입적인 태도를 취한다. 그러면 당신이 겨냥하는 고객들은 당신을 볼 것이다. 반면에 당신의 고객이 되지 않을 사람들은 당신의 시간을 낭비시키지 않을 것이다. 그들은 심지어 당신이 내보이는 출구 표시를 쳐다보지도 않을 것이다. 그 표시는 그들이 가고자 하는 곳으로 이어지지 않을 것임을 알기 때문이다.

고객들이 자기가 들은 내용에 만족한다면, 그들은 판매 직원이 자기를 이해할 만큼 관찰력이 뛰어나다고 인정할 것이다. 또한 투명한 사실을 가장 순순히 제시한 사람에게 일을 맡길 것이다. 나아가 고객들은 그 과정에서 자신이 번거로운 일에 시달리지 않았다는 사실에 만족할 것이다. 기술 덕분에 고객들은 이런 호사를 누리게 됐다. 이 아이콘 시대는 사람들이 제품을 사고파는 방식에 혁명이 일어날 전조가 될 것이다.

보는 사람 입장에서, 완벽함이 기만이라면 투명성은 진실이다.

우리 세계의 모든 일에는 시장이 개입하기 마련이다. 모두가 동시에 관심을 얻으려고 소리치는 세상에서 성공하려면 부모, 예술가, CEO, 관리자, 엔지니어, 디자이너, 교사에 이르기까지 누구나 관심을 끌어야 한다. 아이에게 채소를 먹이려고 할 때든 고객에게 우리 메시지에 관심을 기울이도록 할 때든, 누군가에게 어떤 일을 하게끔 확신을 심어주고자 할 때 우리는 모두 영업 사원이 된다.

'신뢰성 제로 문턱'을 넘어서는 최선의 방법은 목표 대상에게 당신의 주장이 정당함을 설득하려고 애쓰지 않는 것이다. 그 대신 상대방에게 사실에 입각한 유용하고 이해하기 쉬운 정보를 제공하고, 그 정보가 타당한지 스스로 판단하게 하라. 누구나 검색 사이트에서 정보를 찾아볼 수 있으므로, 당신이 사실이 아닌 내용을 제시했다면 목표 대상은 스마트폰으로 그것을 확인한 즉시 당신을 거부할 것이고, 당신은 기분이 상한 잠재 고객을 잃게 될 것이다. 너무 많은 정보와 자기 홍보 주장이 쏟아질 때, 우리는 올바른 결정을 내릴 수 있도록 누군가가 솔직하게 털어놓고 진실을 말해주기를 간절하게 바란다.

목표 대상이 누구든, 솔직한 태도로 단순한 내용을 홍보처럼 보이지 않도록 제시한다면 즉시 신뢰를 얻을 수 있다. 블록, 즉 화살촉과 화살대는 이렇게 작용한다. 블록은 당신이 목표 대상의 감정을 어떻게 이해했는지 대담하게 선언하고(화살촉), 이를 투명하고 이해하기 쉬운 사실로 뒷받침하도록 이끈다(화살대).

투명성을 바탕으로 하는 블록은 신뢰성을 높여줘서, 사람들이 당신의 주장을 다시 확인해야겠다고 느끼지 않도록 해준다. 마치 도로 표지판처럼 눈에 확 띄어서 시선을 사로잡는 블록 의사소통으로 투명하게 당신 자신을 드러내면, 그 즉시 목표 대상은 당신에게 동의할 것이다. 투명성과 진정성은 신뢰를 확보한다.

요령을 부리지 않는 것이 요령이다.

MZ, 가장 강력한 '희석 세대'가 원하는 것

22

진짜 철학자라면 누구나,
실은 진짜 남자라면 누구나 가장 갈구하는 것이 칭찬입니다.
물론 철학자들은 대개 이를 가리켜 '인정'이라고 하지만요!

윌리엄 제임스(William James), 앙리 베르그송(Henri Bergson)에게 보낸 편지 중에서

1990년대 초부터 현재까지 인터넷 혁명이 대두되는 가운데 태어난 세대를 가리켜 일반적으로 제트 세대(Generation Z) 혹은 아이 세대(iGen)라고 한다. 나는 이들을 '희석 세대(Dilution Generation)'라고 부른다. 이 세대는 대규모 매체와 디지털 기술을 당연하게 여기면서 성장한 첫 번째 세대다. 그들은 '단순했던 시절', 텔레비전 채널이 세 개뿐이던 시절, 3만 가지 선택지가 결코 지지 않는 태양처럼 이글거리며 끊임없이 우리를 공격하지 않던 시절을 알지 못한다.

2014년에 광고 전문가 마이크 시핸(Mike Sheehan)은 한 인터뷰에서 "내 딸은 다섯 살 때 생애 처음으로 텔레비전 광고를 봤습니다. 딸은 '저게 뭐예요?'라고 물었죠"라고 말했다. 당시 시핸은 유명 광고 대행사 CEO였고, 평생 텔레비전 광고 대본을 쓰고 연출하는 일을 했다. 그러나 그의 딸은 온라인 콘텐츠에만 관심을 보였다. 시핸은 "밀레니얼 세대와 그 이후 세대에게 광고 메시지를 전달하기란 매체에서 새로운 세계 질서를 의미할 것입니다"라고 분명하게 말한다.

디지털 기술과 함께 성장한 이 젊은 세대는 전자 화면으로 가득 찬 세계에서 의도하지 않은 사회 실험에 참여하고 있다. 그런 기술이 이 세대를 어떻게 바꿀지 다 알 수는 없지만, 이미 강력한 징후가 나타나고 있다. 예를 들어 요즘 아이들이 음악을 소비하는 방식을 생각해보자. 30년 전 청소년들은 지극히 제한된 수의 앨범만을 구매할 수 있었다. 인터넷으로 즉시 음악을 구매할 수 없었고, 음악 소비는 앨범을 얼마나 구매할 수 있는지, 혹은 테이프에 얼마나 많은 음악을 복사할 수 있는지에 좌우됐다. 라디오와 텔레비전을 제외하면 새로운 음악을 접할 수 있는 수단은 음반 가게에서 구입했거나 친구에게 빌린 CD와 LP, 카세트테이프뿐이었다.

선택의 폭이 좁았으므로 개인적으로 좋아한다고 꼽을 수 있는 곡의 수도 한정돼 있었다. 개인의 경제 수준에 따라 구매할 수 있는 CD 개수가 정해졌고, 대부분이 몇십 곡 정도를 처음부터 끝까지 귀를 기울여 열심히 들었다. 그러나 2000년대 청소년들은 MP3 플레이어에 수백 개의 밴드들이 연주한 수천 곡을 담아 다니거나 컴퓨터 혹은 스마트폰에 다운로드했다. 요즘 청소년들은 스트리밍 서비스를 이용하고 거의 무한한 음원을 접할 수 있다. 다른 과부하와 마찬가지로 이런 현상 역시 우리가 노래 한 곡 한 곡, 음악가 한 사람 한 사람과 맺는 유대 관계를 희석하고, 인식하는 방식도 바꿨다. 한 앨범이나 편집 음반을 처음부터 끝까지 들을 때와 스포티파이(Spotify) 같은 음악 스트리밍 서비스가 제공하는 플레이리스트에서 곡이 바뀌는 것에 신경 쓰지 않고 이 음악, 저 음악 옮겨가면서 들을 때, 우리가 음악에 관여하는 정도는 다르기 마련이다.

희석 세대는 이처럼 막대한 규모로 엄청나게 많은 음악을 소비하므로 각 앨범이나 노래를 경험하는 방식 또한 전 세대와 다르다. 갖고 있는 앨범이 LP 몇 장에 불과한 경우에는 모든 수록곡의 가사를 알고 앨범 전체를 외울 가능성이 높다. 반면에 아이팟에 7,160곡이 담겨 있다면(웹사이트 나인투파이브맥[9to5Mac]이 조사한 아이튠즈 라이브러리에 담긴 곡의 평균 개수), 몇 장 안 되는 LP나 CD를 소장하고 있을 때와 같은 강도로 각각의 노래를 경험하거나 몰입해서 듣지는 않을 것이다.

풍족함은 우리가 사물을 지각하는 방식을 바꾼다. 요즘 아이들은 셀 수 없이 많은 나무로 가득한 숲을 접할 수 있고, 이는 어떤 한 나무를 충분하게 탐색할 수 없다는 뜻이다. 그들은 다양한 삶의 영역에서 이런 피상성을 어느 정도 알아차리고 있다. 어떤 한 가지와도 충분히 소통하고 있지 않다는 사실을 자각하는 것은 썩 유쾌하지 않은 일이다.

희석 세대는 이전의 어느 세대보다도 스스로를 초라하게 느낀다. 이 세대 아이들은 태어난 순간부터 대규모 메시징, 즉 **희석** 속에 살지 않은 시기가 없다. 나는 희석 세대가 평생 이 같은 감각 과부하 상태를 겪으면서 결코 긁어서 해소할 수 없는 끊임없는 가려움증을 느끼고 있다고 생각한다.

희석 세대는 전자 기기를 통해 다른 사람들과 계속해서 연락을 주고받는다. 길 건너에 있는 같은 반 친구에게든 지구 반대편에 있는 친구에게든 손가락만 까딱하면 메시지를 보낼 수 있다. 그러나 이런 과도한 접근 가능성이 부모나 학업을 비롯한 중요한 일에 집중할 수 있는 능력을 무디게 만든다.

이 세대 아이들은 자신의 개성이나 발상, 기업가 정신, 세상에 기여할 수 있는 능력을 주장하느라 더욱 힘든 시간을 보내게 될 것이다. 이런 사태가 장기적으로 사회에 어떤 영향을 미칠지는 아직 모르지만, 그들이 자기를 표현하고 인식하는 데, 나아가 자아실현을 하는 데 어떤 영향을 미칠지는 상상할 수 있다.

현대 기술 세계는 마치 저자 1,000억 명의 작품을 담은 모음집에서 자신이 좋아하는 작품을 찾아가는 것과 같다. 그만큼 많은 데이터가 존재한다.

요즘은 스마트폰만 있으면 누구라도 몇십 년 전에 비해 정말 적은 비용으로 동영상을 찍고 편집할 수 있다. 이런 기술 발달로 훌륭한 동영상과 영화, 영화 제작자가 더 많이 등장할 것이라고 생각하기 쉽다. 물론 이런 환경이 신인들에게 접근 기회를 제공하기도 하지만, 실상은 평범한 재능만이 넘치는 더 큰 바다가 생겨날 뿐이다. 노트북과 마이크만 있으면 누구라도 녹음 전문가가 될 수 있도록 만들어주는 사운드 믹싱 소프트웨어의 범람 역시 마찬가지다. 양은 늘어났지만 질은 상승하고 있지 않다.

저렴한 물건의 경우 모든 단계에서 필요한 투자도 비교적 적다. 비싼 물건의 경우 사람들은 훨씬 더 많은 시간을 투자해서 준비하고 계획한다. 사업이나 개인의 야망 역시 마찬가지다. 쉽고 접근하기 편하다고 해서 반드시 더 좋은 결과가 나오지는 않는다.

제한된 경험은 중요하다는 느낌을 주는 반면, 넘칠 만큼 많으면 대개 무엇이든 덜 중요하게 느껴지기 마련이다. 다이아몬드가 그토록 비싼 이유도 어느 정도는 이런 원리에서 비롯된다. 다이아몬드는 다른 광물들에 비해 희귀하다("다이아몬드는 영원하다"라는 아이콘 슬로건 역시 한몫했다).

콘텐츠 과부하는 어떤 결과를 초래할까? 더 단순했던 시절을 알지 못하고, 다른 생활 방식을 판단할 수 있는 기준점 자체가 없는 희석 세대에게 희석 효과는 어떤 영향을 미칠까? 이 세대는 전반적으로 더 약한 관계를 맺게 될까? 개인적인 유대 관계를 저해하는 이런 요인들로 인해 이 젊은 세대가 더 우울하고 소외된 집단이 될까?

너무 과감하게 들릴 수도 있겠지만, 나는 블록이 단순히 생각을 주고받는 기능을 뛰어넘는 힘을 지녔다고 굳게 믿는다. 점점 더 붐비는 세상에서 블록이 맺어주는 유대 관계 덕분에 우리는 다른 사람들에게 보이고 이해받을 수 있다. 나는 우리 사회가 직면한 수많은 중대한 문제가 유대 관계와 인정을 열망하는 욕구, 그리고 그 욕구가 충족되지 않았을 때 발생하는 일에서 기원한다고 생각한다.

자기 인식과 자기표현은 인간이 긍정적인 감정과 성취감을 느끼는 주요한 동인이다. 화가, 건축가, 기업인 등 다양한 고객들의 작업을 내가 블록으로 표현해서 제시하면, 그들은 정신적으로나 감정적으로나 안도하고 힘을 얻는다(귀에 들리게 안도의 한숨을 내쉬는 고객들도 많다). 블록은 이미 그 자리에 있다. 나는 고객들과 함께 그들의 작업 전체에서 블록을 도려내는 일을 한다. 이는 블록이 지닌 회복력과 블록이 하는 역할을 입증하는 일이다.

사람들이 자기표현을 하지 못하도록 하거나 소통하기 어렵게 하면 사회적으로나 정신적으로나 심각한 영향을 미칠 수 있다. 이상한 점은 우리가 희석 구름을 헤쳐나가는 능력에 어떤 문제가 있다고 느끼더라도, 각자의 희석을 개인적으로나 사회적으로나 반드시 심각한 문제라고 생각하지는 않는다는 사실이다. 이는 대단히 심각한 문제다. 내 고객 다수, 또 내가 이야기를 나눠본 젊은 세대 일꾼들은 이를 몹시 절절하게 느낀다.

자기표현을 하기 어려울 때 우리는 사생활에서나 업무 영역에서나 눈에 띄고 목소리를 전달하기 어렵다고 느끼므로, 우리 사회는 점점 침체되고 불안에 시달리게 된다. 이는 우리 모두에게 집단적으로 영향을 미치고 있다.

미국의 유명 심리학자 에이브러햄 매슬로는 자아 존중감의 가장 높은 단계인 자아실현(self-actualization)을 '점점 더 자기다워지는 상태, 그 사람이 될 수 있는 모든 것이 되는 단계'라고 규정했다. 우리가 블록을 사용하면, 블록은 우리 내면에 이런 삶과 동기를 주입한다. 나아가 매슬로는, 인생에서 '가장 행복한 순간'은 우리가 훌륭한 예술 작품이나 깊은 인간관계를 만나서 좀 더 이 세상과 하나가 된다고 느끼고 우리 삶을 좀 더 잘 통제한다고 느낄 때라고 말한다.

우리는 비슷한 생각을 지닌 사람들끼리 신호를 주고받을 수 있고 잃어버린 꿈을 다시 꿀 수 있다. 또 희망과 낙관주의에 다시 불을 붙이고, 블록을 활용해서 세상에 뛰어들기로 선택한 모든 이에게 활기를 되찾아줄 수 있다.

두드러지고 다른 사람들의 관심을 끌 수 있도록 자신만의 재능을 표현하는 방법을 이해하는 일은 희석 세대에게 한층 더 중요해졌다. 이는 그중에서 가장 훌륭하고 의욕적이며 재능이 뛰어난 사람도 마찬가지다. 확실한 능력을 갖췄다고 하더라도(그런 사람들은 우리 주변 어디에나 있다) 사람들이 자기 생각을 전달하는 수단으로 블록과 아이콘 의사소통을 사용하기는 어려울 수 있다. 거기에는 여러 가지 이유가 있다.

- 기업 혹은 조직의 관습
- 모든 시선을 한 몸에 받는다는 불편함
- 어떤 말을 단순하게 되풀이하는 데서 비롯되는 어색한 느낌
- 단순하고 투명하게 행동한다는 데 대한 거부감이나 두려움, 저항감
- 블록을 어떻게 만들어야 할지 또는 어떻게 활용해야 할지에 대한 몰이해

지금 현재, 기업이라는 기계를 돌리는 톱니바퀴가 된 듯한 느낌을 받는 밀레니얼 세대와 제트 세대가 너무 많다. 정보 과부하가 더 심각해질수록 이런 감정은 마음속에 퍼져나갈 것이다. 관심을 끌기가 점점 어려워지는 상황이 사생활에서나 업무에서나 신세대들에게 영향을 미치고 있지만, 무슨 일이 벌어지고 있는지 그들이 깨달을 즈음이면 그중 상당수가 이미 불안과 우울증에 시달리고 있을 것이다.

선사시대부터 사용된 블록과 아이콘을 이해하는 일은 다른 세대보다도 희석 세대에게 더욱 유용하다. 블록을 사용하는 의사소통은 점점 더 중요해져갈 뿐이고, 현재의 우리 모습을 만든 추세(데이터 급증, 각종 앱, 증가하는 디지털화와 경쟁)는 사라지지 않을 것이다. 길을 찾을 때 도로 표지판이 필요한 것처럼 블록 역시 대단히 중요한 위치를 차지하게 될 것이다. 현재 세대와 미래 세대는 디지털 허공에서 길을 잃은 듯한 느낌이 일상화된 문화에서 교통정리하는 방법을 배울 수 있을 것이다.

블록의 근간인 철저한 단순성은 성공만을 좌우하는 요소가 아니다. 이는 온전한 정신을 유지하는 데도 중요하다. 과도하게 복잡한 세상에서 투명함이야말로 진정한 관계를 맺을 수 있는 유일한 방법이다. 세계 곳곳에서 자기가 관심을 끌지 못하는 이유를 모르는 사람들이 억울함을 토로한다. 자신이 만든 블록의 외부적 효과를 보기 전이라도, 블록을 만들고 사용하는 행위만으로도 이들은 마음의 고통을 완화할 수 있다.

단순한 장난감 블록으로 시작함으로써 우리가 경험하는 회복과 희망, 활기는 어떤 계층의 감정에도 놀랍고 심오한 영향을 미칠 수 있으며, 인생관을 완전히 바꿔놓을 수도 있다. 이렇게 해서 블록 사용, 즉 관심을 끌고, 정신적인 아이콘을 만드는 행위는 우리가 인정받을 만한 가치 있는 인간으로서 재충전하고 다시 관계를 맺을 수 있도록 돕는다.

블록의 기본 법칙

블록은 우리 주변 모든 사물과 사람을 보고 듣는 방식과 상대방에게 다가가고 관계 맺는 방식을 바꾸는 힘을 가졌다. 블록 법칙은 예전부터 항상 존재했다. 이제 누구나 블록을 사용해서 어떤 메시지나 자신의 예술, 과학, 사업, 발상에 대한 관심을 끌 수 있도록 그 비결을 정리한다.

《아이코니스트》에서 체계적으로 정리한 블록이란, 어떤 매체에서 든 즉시 이해할 수 있는 간단명료한 문장이나 구절, 이미지, 디자인을 말한다.

• • •

음악에서 블록은 어떤 악곡이나 노래 전체를 통틀어 계속해서 반복되는 단순한 멜로디나 단어 혹은 가사 구절을 말한다.

연설에서 블록은 어떤 웅변이나 연설, 프레젠테이션을 통틀어 계속해서 반복되는, 지극히 감정을 자극하거나 진실한 문장이다.

시각예술에서 블록은 즉시 지각할 수 있고, 눈에 들어오지 않을 수 없는 아주 커다란 중심 이미지다. 이는 뚜렷하고 즉각적으로 알아볼 수 있는 양식으로 증폭될 수 있다.

메시징이나 **홍보**에서 블록은 목표 대상의 감정적 관심사를 직접 언급하는 '거대한' 배너 구절이다. 나아가 이런 배너를 고객과 접하는 모든 지점에서, 당신이 전달하고자 하는 정보 전반에 걸쳐 공격적으로 반복해야 한다.

디자인이나 **건축**에서 블록은 대담하고 거대하고 극명하게 대비를 이루며, 즉시 알아볼 수 있는 형태다.

기업의 수요 창출에서 블록은 내외적으로 생각하는 가장 중요한 이념적 의도로, '당신의 목적'이나 '당신이 해결한 문제', '당신이 달성한 결과'를 당신이 관심을 끌고 싶거나 일을 따내고 싶은 상대의 감정적 관심사에 부합하도록 전달한다.

사업에서 블록은 '당신의 진정한 목적'과 '당신이 해결한 감정적 문제' 혹은 목표 대상의 주된 관심사가 교차하는 지점에서 '당신이 달성한 결과'를 축약해서 만든다. 블록이 잘 보이고, 들리고, 마음속에 새겨지도록 분명하고 명백하고 대담하게 몇 번이고 반복해서 진술하라. 반응을 원한다면 먼저 이렇게 '현수막'처럼 즉시 지각할 수 있는 방식으로 메시지를 전달해서 관심을 사로잡아야 한다. 고객의 감정적 관심사에 부합한다면, 이처럼 대담하고 자신감 넘치게 의도를 선언하는 방식은 즉시 신뢰감을 형성한다.

'블록'은 반복을 통해 저절로 작동한다. 블록에 '감정' 혹은 '색채'를 더하거나 '복잡성'을 연결하면, 그 매력은 언제나 '더 커지면서' 우리 마음을 사로잡고 관심을 불러일으킨다.

전문가를 위한 '블록' 적용법

1. 목표 대상의 주된 감정적 관심사를 **당신의 목적**이나 **당신이 해결한 문제, 당신이 달성한 결과**에 부합하도록 평가하고 식별하라.

2. 프레젠테이션이든 이력서든 이메일이든 간에 이 관심사를 시각 이미지나 상징, 로고, 혹은 '거대한 현수막 배너' 같은 아이콘 진술로 '대담하고' '묵직하고' '특이하게' 다뤄라.

3. 계속하라! 대담하고 단순한 블록 진술을 **어디에서든** 반복하고 또 반복하라.

이렇게 블록을 적용하면 보는 사람의 시선을 사로잡고 안정감을 줘서, 필연적이고 자연스럽게 관심을 끌고 시선을 사로잡으며 감정을 일깨울 수 있다. 그러면 매번 목표 대상을 진정으로 끌어들이게 될 것이다.

블록 반복이 효과를 발휘하는 데는 몇 가지 이유가 있다. 멜라니 풀렌이 말했듯이 사람은 비슷한 이미지를 적어도 세 번 이상 반복해서 봐야 이해할 수 있다. 우리를 향해 쏟아지는 온갖 메시지에 끊임없이 주의가 분산되고 억눌리는 현대 사회에서는 더욱 그렇다. 어디에서든 계속해서 반복하면 당신의 블록은 목표 대상에게 확신을 주게 될 것이다. 마지막으로 블록을 사용함으로써 당신 역시 자신의 주된 의도에 확신을 품게 될 것이다. 그런 안정감은 값을 매길 수 없을 만큼 소중하다.

끊임없이 반복하면 확신이 담긴다.

로버트 콜리어

블록 법칙과 함께라면 어떤 분야에서든 누구나 순식간에 아이콘을 만들 수 있다.

에
필
로
그

2009년 추수감사절에 한 노숙자가 자신이 살고 있던 뉴욕시 워싱턴 스퀘어 공원에서 잠을 잤다는 이유로 구속됐다. 그 남자는 헝클어진 머리에 붉은 수염이 덥수룩했고 무척 지친 모습이었다. 술 냄새가 풍겼고 몇 주나 샤워를 못한 듯한 상태였다. 누가 봐도 부랑자라고 할 만한 몰골이었다. 그의 모습은 뉴욕 시내 길거리에서 몇 년 동안 힘들게 산 사람의 모양새였다.

내가 대학교에 다닐 때 내 조부모님은 뉴욕에 살았고, 런던에서 학교를 다니는 동안 뉴욕은 내게 고향 같은 곳이었다. 뉴욕대학교 옆에 있는 워싱턴 스퀘어 공원은 내가 가장 좋아하는 장소 중 하나였다. 스피드 체스를 즐기는 사람들과 푼돈을 바라고 거리에서 공연하는 사람들을 보면서 공원을 어슬렁거릴 때, 나는 이 남자 바로 옆을 지나고도 남았을 것이다. 그러나 몇 년 동안 길에

살면서 아무도 알아보지 못할 만큼 얼굴이 쭈글쭈글해진 이 남자
는 내 눈에 보이지 않았다.

그 노숙자는 나와 사이가 멀어진 형 대니였다. 할리우드 근처
에 살던 어린 시절에 우리는 어쩌다가 한번씩 보는 사이였다. 그
리고 캘리포니아 앞바다에 아버지 유해를 뿌린 이래 9년 동안 나
는 형과 말을 섞어본 적이 없었다.

바로 그 추수감사절 아침, 가랑비가 내렸고 기온은 영상 2도였
다. 습기와 추위가 피부를 뚫고 뼛속까지 스미는 그런 날이었다.
그날 대니를 구속했던 경찰관들은, 이미 여러 차례 형을 잡아 가
둔 적이 있었다. 그런 일은 공원에 사는 노숙자에게 집세나 다름
없었다. 경찰은 으레 그가 결코 납부하지 않을 벌금을 부과하고
하룻밤 유치장에 가뒀다가 풀어줬다. 그 경찰관들은 대니를 잘 알
았고, 그들과 형은 늘 하던 대로 절차를 밟곤 했다. 그러나 이날은
경찰관들이 대니에게 선택권을 줬다. 라디오 방송 〈오피와 앤서
니(Opie and Anthony)〉에 출연해서 이 도시에서 노숙자로 추수감사
절을 보낸다는 것이 어떤 의미인지 이야기하면, 이 불손한 라디오
진행자들이 대니에게 출연료를 지급할 테고, 그럼 유치장에 가지
않아도 된다는 제안이었다.

당연하게도 대니는 돈을 선택했다. 인터뷰를 시작하면서 라디
오를 공동으로 진행하는 두 사람은 대니에게 '취미'가 있는지 물
었다. 대니는 자신이 한때 음악을 했다고 대답했다. 차별적인 발

언에 무감각한 이 진행자들은 노숙자 입에서 나온 이 발언이 웃기다고 생각했고, 대뜸 프로그램 보조자에게 기타를 찾아오라고 했다. 이내 '노숙자' 대니얼 머스터드는 자신의 '청춘 찬가'였던 라디오헤드의 〈크립(Creep)〉을 믿기 어려울 정도로 아름답게 연주하기 시작했다. 연주는 아이러니하게도 강렬한 동시에 낯설었다. 보면서도 현실감을 느낄 수 없는 장면이었다. 진행자들은 말을 잃었고, 심지어 경의를 나타냈으며, 분명히 감동받았다. 웃길 것이라고 생각하고 시켰던 연주가, 막상 뚜껑을 열고 보니 어색하지만 가슴 저미는 깊은 반성의 순간이 됐다.

〈오피와 앤서니〉 프로그램 제작자는 대니에게 200달러를 줬다. 방송국을 나온 대니는 스베드카 보드카를 한 병 사서 워싱턴 스퀘어 공원으로 돌아와 취하도록 마셨다. 형은 그날 있었던 일을 전혀 대수롭지 않게 생각했다. 그저 수중에 돈이 조금 생겼고, 독한 술로 뱃속을 따뜻하게 데웠을 뿐이었다.

이후 몇 주 동안 대니는 뉴욕시를 돌아다닐 때마다 자기를 보면서 소리치고 차 안에서 열렬하게 응원하는 사람들을 보면서 어리둥절했다. 사람들은 "머스터드 파이팅!"이라거나 "안녕! 노숙자 머스터드!"라고 소리치곤 했다. 눈에 띄지 않게 사는 데 익숙했던 사람에게 이는 무척 낯선 경험이었다. 마침내 그는 〈오피와 앤서니〉 제작진이 자기가 연주한 〈크립〉 동영상을 인터넷에 올렸고, 그 영상이 전 세계로 퍼지면서 수백만에 이르는 조회수를 기록했다는 사실을 알게 됐다.

대니는 별안간 유명인사가 됐고 그에게 헌정하는 웹사이트를 만든 외국 팬들도 생겼다. 그는 페이스북 계정을 두 개나 만들어야 했고, 금세 만 명이 넘는 친구를 모았다(노숙자도 페이스북을 사용한다). 대니는 사람들에게 영감을 주는 상징이 됐고, 평소에 우리가 잊고 사는 인간성의 한 부분을 비췄다. 대니와 그의 연주는, 남들이 우리 내면을 있는 그대로 봐주지 않는다는 좌절감을 경험하고 있는 우리들의 심금을 울렸다. 대니는 이 상황에 가장 아름답고 가슴 저미는 방식으로 저항했다.

노숙자들은 정말 말 그대로 사람들의 눈에 보이지 않습니다.
사람들은 노숙자를 밟고 지나가고,
노숙자의 말을 무시하며, 마치 없는 사람처럼 취급하죠.
매일 겪기에는 정말이지 괴로운 일입니다.

대니얼 머스터드

이후 몇 달 사이에 대니는 독립 음반사로부터 음반 계약을 제안받고 실제로 체결했다. 유명 음악 잡지 〈스핀〉은 대니의 놀라운 출세 이야기를 실었고, 다른 기사에서는 대니의 〈크립〉 연주를 켈리 클라크슨(Kelly Clarkson), 모비(Moby), 어맨다 파머(Amanda Palmer), 데이미언 라이스(Damien Rice), 콘(Korn), 위저(Weezer), 프리텐더스(Pretenders)의 버전과 더불어 가장 훌륭한 〈크립〉 커버 톱 10 중 하나로 꼽았다. 그 기사는 "대니얼은 진짜 지독하게 고통스러운 이 노래로 진짜 지독한 고통을 불러온다. 대부분의 사람들이 보기에 그는 실제로 크립(소름 끼치는 사람 - 옮긴이)이다"라고 평했다. 심지어 대니는 〈더 보이스(The Voice)〉(미국 보컬 경연 프로그램 - 옮긴이) 프로듀서에게 연락을 받고 오디션을 보러 로스앤젤레스로 날아가기도 했다.

현재 대니는 부유하지 않다. 더 정확히 말하면 경제 능력이 없으며 브루클린에 있는 사회 복귀 시설에 산다. 그가 부른 〈크립〉 영상은 조회수 3,000만 번을 넘겼고, 계속해서 늘어나고 있다. 대니는 유명해진 덕분에 노숙 생활을 청산하고 마약과 술을 끊을 수 있었으며, 9년 넘게 맑은 정신으로 살아가고 있다. 대니가 노숙 생활과 중독에서 벗어날 수 있도록 도와주던 상담자는 그에게 말을 건넬 수 있는 친척이 있는지 물었다. 전문가 관점에서 볼 때 대니가 결국 노숙 생활을 하게 된 데는 가족과 전혀 연락을 하지 않았다는 점이 작용했기 때문이었다. 대니는 나에게 그런 사람, 그가 말을 건넬 수 있는 사람이 돼달라고 부탁했고, 우리는 자주 이야기를 하게 됐다. 그는 놀라운 사람이다. '한때 노숙자'였던 대니 머스터드, 내 형을 알게 돼서 영광이다.

이는 굉장한 사연이지만, 블록을 소개하는 이 책에서 왜 이 이야기를 하고 있는지 의아할 것이다. 빈곤하게 성장한 사람들이 자살 행위에 가까운 갖가지 위태로운 행동에 휘말릴 가능성이 높다는 사실은 이미 증명됐다. 〈청년과청소년저널(*Journal of Youth and Adolescence*)〉에 따르면, 빈곤하게 성장한 사람들은 약물 중독, 고위험 성행위, 범죄 행위, 폭력에 휘말리기 쉽다고 한다.《브루킹스 연구소가 내놓은 미국을 위한 계획(*Brookings Big Ideas for America*)》에 실린 연구에서는 가난하게 성장한 사람은 일반적으로 미래 전망에 대해 강한 절망감을 느낄 수 있다고 밝혔다. 이를 가리켜 연구자들은 '최하층 계급의 특성'이라고 부르며, 그 특징은 '암울한 냉소주의'와 미래 상황에 거의 아무런 장래성이 없다는 뿌리 깊은 내적 확신이다.

자기에게 무언가를 성취할 수 있는 잠재력이 있다는 믿음은 궁극적으로 그 사람의 정신 자세와 삶을 대하는 태도 전반에 엄청난 영향을 미친다. 인간은 기회가 없다고 느끼면 시도조차 하지 않으며, 나아가 자멸하거나 망가진다.

가난한 사람들이 무력감과 불안, 불만, 우울을 느끼는 주된 원인은 앞으로 성공할 가망이 없다는 느낌이 전반적인 절망으로 바뀐다는 데 있다. 이런 증상은 사회심리학자 배리 슈워츠가 선택 과부하에 시달리다가 희석된 느낌을 받은 피해자들에게서 찾은 징후와 거의 똑같거나 적어도 대단히 유사하다.

나는 어디에서나 지속적이고 끊임없이 연결돼 있고 메시지를 전달할 수 있는 디지털 시대의 특성이 어느 정도 우리 모두에게 절망이라는 유행병을 안겼다고 생각한다. 인터넷을 탓하려고 하는 말이 아니다. 나는 인터넷 비판자라기보다는 지지자에 훨씬 가깝다. 인터넷이 우리 모두, 아니 나 한 사람의 정보 자유에 기여한 공로만 생각해도 그로 인한 부작용을 감수할 만한 가치가 있다. 그렇기는 하지만 만약 우리가 주의 깊게 인터넷을 사용하지 않는다면, 희석된 기분을 느끼면서 무언가를 시도조차 할 수 없을 것 같은 무력감을 느끼게 될 것이고, 결국에는 미래에 대해 절망감을 느끼게 될 것이다. 내가 공개 강연을 할 때면, 밀레니얼 세대들이 이런 감정을 계속해서 토로한다. 부자와 빈자, 집이 있는 사람과 집이 없는 사람, 각자의 상황이 다른 만큼 겪는 문제도 크게 다르지만, 한편으로는 모두가 남의 눈에 보이지 않는다는 느낌에 몸부림친다.

나는 어떤 사람이든 앞이 막막하거나 가망이 없다고 느낄 때, 자기 자신과 타인을 망가뜨릴 가능성이 높은 일에 손을 대려고 한다고 굳게 믿는다. 동시에 다른 사람들의 눈에 띄고 관계를 구축하면, 이런 문제를 해결할 수 있다고도 굳게 믿는다.

대니가 구속된 다음에 라디오 방송에서 경험한 일을 나는 '블록 순간'이라고 부른다. 블록 순간이란 자기 자신 또는 자기가 하는 일이 목표 대상에게 대대적으로 알려져서 주목을 받게 되는 특별한 계기를 말한다. 우리는 언제나 이런 순간을 포착하거나 만들고자 기회를 노려야 하며, 이런 순간이 우리에게 다가올 때 알아볼 수 있어야 한다.

현재 내 형은 더 좋은 사람이 됐고, 노래 만드는 일에 매진하고 있다. 형과 이야기를 할 때마다 나는 그의 인간성의 깊이가 마치 마음을 달래는 젖과 꿀처럼 내 가슴속을 따뜻하게 데워주는 느낌을 받는다.

가끔 궁금하다. 지금 우리가 사는 세상에는 대니처럼 길을 잃고, 눈에 띄지 않으며, 목소리를 내지 못하는 천재들이 과연 얼마나 많을까?

감사
의
말

나의 할머니,

캐털리스트 케빈 캐럴,

성인처럼 온화하고 조용한 힘을 지닌 지칠 줄 모르는 친구 마이클 토머스, 치열한 인류애로 작가 에이전트가 돼준 메리앤 커린치,《아이코니스트》를 출판하겠다고 나서준 정말 멋진 출판사 대표 글렌 예페스, 편집자로서 지도력, 탁월함, 진정한 영감을 제공해준 클레어 슐츠, 나를 뒷받침해서 더 나은 사람으로 만들어준 뛰어난 교열 담당자 미키 알렉산드라 카푸토, 이 책의 표지에 관해 조언해준 세라 애빙어, 레아 윌슨, 에이드리엔 랭, 얼리샤 카니아를 비롯한 벤벨라북스 팀 모두, 스티븐 나카나 박사, 기쁨과 지성과 친절함을 베풀어준 로즈 프랜시스와 탠디 나카나, 도움과 신뢰를 준 메이 아든, 멋진 디자인을 제공해준 마크 슬로트메이커에게 감사의 말을 전한다.

쇼 토머스, 메이슨 토머스, 허드슨 토머스, 젤라니 메모리, 멜라니 풀렌, 홀트 맥칼라니, 줄리 윌슨, 폴 브론카, 다네트 맥그리거, 에밀리 크럼패커, 마커스 스완슨, 데이비드 레이, 아버지, 미들베리 칼리지의 헥터 빌라 교수, 개러스 오스틴 박사, 런던정경대학, 맨해튼빌 칼리지, 웨스트체스터 커뮤니티 칼리지, 맨해튼빌 칼리지의 로슨 볼링 교수와 제임스 브라이언 교수, 드웨인 에드워즈, 밥 프로피트, 메이슨 헤이트와 캔디 헤이트, 클라이브 윌킨슨, 헌트 박사, 헤더 멧커프, 네이선 앤드루스, 돈완 해럴, 자하이라 해럴, 마누, 스코트 포스터, 랜들, 데이비드 벤틀리, 몰리 다무르, 마이클 험프리, 조앤 고든, 코트 존슨, 블루그래스 빅스, 비비 맥길, 존 엘리엇, 제프 엘리엇, 크리스 워다, 칠리 파인스, 로언 트롤럽, 말콤 글래드웰, 크레이머 모건도, 애나와 엘리엇, 에어 로빈슨 레인, 힐러리 해리스에게도 고마움을 전한다.

2장

Patrick Burgoyne, "São Paulo: The City That Said No to Advertising", *Bloomberg Businessweek*, 2007. 6. 18, www.businessweek. com/stories/2007-06-18/s-o-paulo-the-city-that-said-no-to-advertisingbusinessweek-business-news-stock-market-and-financial-advice, 2014. 12. 26 접속.

Paul Surgi Speck and Michael T. Elliott, "Predictors of Advertising Avoidance in Print and Broadcast Media", *Journal of Advertising* 26, no. 3 (Autumn, 1997): 61-76, www.jstor.org/stable/4189042.

Vincent Bevins, "São Paulo Advertising Goes Underground", *Financial Times*, 2010. 9. 6, www.ft.com/content/5ad26f14-b9e6-11df-8804-00144feabdc0.

Rex A. Hudson, ed, *Brazil: A Country Study* (Washington, DC: GPO for the Library of Congress, 1997), countrystudies.us/brazil.

New York City Global Partners, *Best Practice: Clean City Act*, 2011. 4, www1.nyc.gov/assets/globalpartners/downloads/pdf/Sao%20Paulo_CleanCityAct.pdf.

Cord Jefferson, "A Happy, Flourishing City with No Advertising", *Good*, 2011. 12. 25, www.good.is/articles/a-happy-flourishing-city-with-no-advertising.

Bob Garfield, "Clearing the Air", NPR, On the Media, www.onthemedia. org/story/129390-clearing-the-air, 2007. 4. 20 방송.

3장

Kristen Conway-Gomez *et al.*, "Population and Natural Resources

Conceptual Framework: How Does Population Growth Affect the Availability of Resources?", online module, ed. M. Solem *et al.*, AAG AAG Centre for Global Geography Education, globalgeography.aag. org/PopulationandNaturalResources1e/CF_PopNatRes_Jan10/CF_ PopNatRes_Jan108.html, 2015. 2. 17 접속.

"Cutting Through Advertising Clutter", CBS News, 2006. 9. 17, www. cbsnews.com/news/cutting-through-advertising-clutter.

Louise Story, "Anywhere the Eye Can See, It's Likely to See an Ad", *New York Times*, 2007. 1. 15, www.nytimes.com/2007/01/15/business/ media/15everywhere.html.

Oksana Tunikova, "How Many Ads Do You Actually See Daily?", StopAd, 2018. 4. 6, www.stopad.io/blog/ads-seen-daily.

Ron Marshall, "How Many Ads Do You See in One Day?", 2015. 9. 10, www.redcrowmarketing.com/2015/09/10/many-ads-see-one-day.

Martin Hilbert and Priscila López, "The World's Technological Capacity to Store, Communicate, and Compute Information", *Science* 332, no. 6025 (2011. 4): 60–65, doi:10.1126/science.1200970.

Charles Arthur, "What's a Zettabyte? By 2015, the Internet Will Know, Says Cisco", *Guardian*, 2011. 6. 9, www.theguardian.com/technology/ blog/2011/jun/29/zettabyte-data-internet-cisco.

Todd Hoff, "How Big Is a Petabyte, Exabyte, Zettabyte, or a Yottabyte?", High Scalability(blog), 2012. 9. 11, highscalability.com/ blog/2012/9/11/how-big-is-a-petabyte-exabyte-zettabyte-or-a- yottabyte.html.

Adrian F. Ward *et al.*, "Brain Drain: The Mere Presence of One's

Own Smartphone Reduces Available Cognitive Capacity", *Journal of the Association for Consumer Research* 2, no. 2(2017. 4), doi:10.1086/691462.

Robinson Meyer, "Your Smartphone Reduces Your Brainpower, Even If It's Just Sitting There", *Atlantic*, 2017. 8. 2, www.theatlantic.com/technology/archive/2017/08/a-sitting-phone-gathers-brain-dross/535476.

Ruth Alexander, "Are Search Engine Results Accurate?", BBC News, 2012. 2. 20, www.bbc.com/news/magazine-17068044.

4장

Linda Stone, "Just Breathe: Building the Case for Email Apnea", *Huffington Post*, 2008. 2. 8, www.huffingtonpost.com/linda-stone/just-breathe-building-the_b_85651.html.

"Three Technology Revolutions", Pew Research Center, www.pewinternet.org/three-technology-revolutions/, 2014. 2 접속.

International Telecommunications Union Key Information and Communication Technology Data, 2005-2017, www.itu.int/en/ITU-D/Statistics/Pages/facts/default.aspx.

"Relatives Gather from Across the Country to Stare into Screens Together", *Onion*, 2013. 12. 25, www.theonion.com/articles/relatives-gather-from-across-the-country-to-stare,34842.

Kirill Levchenko *et al.* "Click Trajectories: End-to-End Analysis of the Spam Value Chain", *Proceedings of the 2011 IEEE Symposium on Security and Privacy, SP '11* (Washington, DC: IEEE Computer Society,

2011), doi:10.1109/SP.2011.24.

Paul Sawers, "Dropbox Opens Trading at $29, up 38% on IPO Price", *Venture Beat*, 2018. 3. 23, www.venturebeat.com/2018/03/23/dropbox-opens-trading-at-29-up-38-on-ipo-price.

5장

Tim Goodman, "Tim Goodman's TV Review: FX's Lights Out Forgoes Boxing Cliches to Make for Compelling Drama", *Hollywood Reporter*, 2011. 1. 9, www.hollywoodreporter.com/review/tim-goodmans-tv-review-fxs-69748.

Holt McCallany 인터뷰, Jamie Mustard 진행, 2018. 12. 13.

Maureen Ryan, "TV Peaks Again in 2016: Could It Hit 500 Shows in 2017?", *Variety*, 2016. 12. 21, https://variety.com/2016/tv/news/peak-tv-2016-scripted-tv-programs-1201944237.

Ray Richmond, "TCA: FX's John Landgraf Not Discouraged by Lights Out, Terriers Ratings Woes", *Deadline Hollywood*, 2011. 1. 15, www.deadline.com/2011/01/tca-fxs-john-landgraf-not-discouraged-by-lights-out-terriers-ratings-woes.

Sean O'Neal, "FX Cancels Lights Out", AV Club, 2011. 3. 24, www.avclub.com/article/fx-cancels-emlights-outem-53619.

Ann Friedman, "Overwhelmed and Creeped Out", *New Yorker*, 2013. 2. 26, www.newyorker.com/culture/culture-desk/overwhelmed-and-creeped-out.

6장

Jennifer Liberto, "The Unemployed Psyche: Job Searching for So Long Crushed My Soul", CNN Business, 2014. 8. 8, https://money.cnn.com/2014/08/05/news/economy/longterm-unemployed-depression.

"Do Online Job Search Sites Work?", CNBC, 2011. 1. 27, www.cnbc.com/id/41304850, 2014. 11. 7 접속

Lauren Weber, "Your Résumé vs. Oblivion: Inundated Companies Resort to Software to Sift Job Applications for Right Skills", *Wall Street Journal*, 2012. 1. 24, http://online.wsj.com/article/SB10001424052970204624204577178941034941330.html.

Kirsten Weir, "Alone in 'the Hole': Psychologists Probe the Mental Health Effects of Solitary Confinement", *Monitor on Psychology* 43, no. 5 (2012), www.apa.org/monitor/2012/05/solitary.

7장

"UFC's Chael Sonnen Hired by ESPN After Fox Firing", AP News, 2014. 11. 11, www.apnews.com/310882d7f0624335a8d821198af449c6.

"Is Chael Sonnen MMA's Muhammad Ali?", Fox Sports, 2011. 12. 17, www.foxsports.com/ufc/story/is-chael-sonnen-mma-muhammad-ali-121711.

8장

"What to Do When There Are Too Many Product Choices on Store Shelves?", *Consumer Reports*, 2014. 3, www.consumerreports.org/cro/magazine/2014/03/too-many-product-choices-in-supermarkets/

index.htm.

Barry Schwartz, "The Paradox of Choice", TEDGlobal Talk, 2005. 7, www.ted.com/talks/barry_schwartz_on_the_paradox_of_choice?language=en.

Malcolm Gladwell, *Blink: The Power of Thinking Without Thinking* (New York: Little, Brown, 2005), 142-43; Sheena S. Iyengar와 Mark R. Lepper 관련 내용은 69쪽 참고.

"When Choice Is Demotivating: Can One Desire Too Much of a Good Thing?", *Journal of Personality and Social Psychology* 79, no. 6 (2000): 995-1006.

Alina Tugend, "Too Many Choices: A Problem That Can Paralyze", *New York Times*, 2010. 2. 26, www.nytimes.com/2010/02/27/your-money/27shortcuts.html.

George Loewenstein, Daniel Read, and Roy F. Baumeister, eds., *Time and Decision: Economic and Psychological Perspectives on Intertemporal Choice* (New York: Russell Sage, 2003).

John Tierney, "Do You Suffer from Decision Fatigue?", *New York Times*, 2011. 8. 17, www.nytimes.com/2011/08/21/magazine/do-you-suffer-from-decision-fatigue.html.

9장

John Locke, *The Works of John Locke*, vol. 9 (London: W. Otridge and Son, 1812).

Haig Kouyoumdjian, "Learning Through Visuals: Visual Imagery in the Classroom", *Psychology Today*, 2012. 7. 20, www.psychologytoday.

com/us/blog/get-psyched/201207/learning-through-visuals.

K. L. Alesandrini, "Pictures and Adult Learning", *Instructional Science* 13, no. 1 (1984. 5): 63-77, https://link.springer.com/article/10.1007/BF00051841.

Shark Tank, 시즌 7, 13화, 2016. 1. 8 ABC 방영, https://vimeo.com/151256962.

10장

Mario Livio, *The Equation That Couldn't Be Solved: How Mathematical Genius Discovered the Language of Symmetry* (New York: Simon & Schuster, 2005), 233.

Joanna E. Scheib, Steven W. Gangestad, and Randy Thornhill, "Facial Attractiveness, Symmetry, and Cues to Good Genes", *Proceedings of the Royal Society B* 266, no. 1431 (1999. 9): 1913-17, doi:10.1098/rspb.1999.0866.

David I. Perrett *et al.*, "Symmetry and Human Facial Attractiveness", *Evolution and Human Behavior* 20, no. 5 (1999. 6): 295-307, doi:10.1016/S1090-5138(99)00014-8.

11장

Vincent Scully, "Louis I. Kahn and the Ruins of Rome", *Engineering & Science* 56, no. 2 (Winter 1993): 3-13, http://calteches.library.caltech.edu/621/2/Scully.pdf.

Christopher Hawthorne, "Louis Kahn: Bad Dad, Great Architect", *Slate*, 2003. 11. 14, www.slate.com/articles/arts/culturebox/2003/11/hop_

on_pop.html.

Inga Saffron, "Obituary: Anne Tyng, 91, Groundbreaking Architect", *Philadelphia Inquirer*, 2012. 1. 7, http://articles.philly.com/2012-01-07/news/30602107_1_anne-tyng-louis-i-kahn-architecture-school, 2015. 2. 9 접속.

Jayne Clark, "USA Today and Good Morning America's 7 New Wonders of the World", *USA Today*, 2006. 12. 22, http://usatoday30.usatoday.com/travel/news/2006-11-23-7-wonders-grand-canyon_x.htm.

Clive Wilkinson 인터뷰, Jamie Mustard 진행, 2018. 10. 12.

12장

"High Fashion Crime Scenes"(전시회 홈페이지), Wirtz Art, www.wirtzart.com/exhibition/high-fashion-crime-scenes, 2019. 4. 10 접속.

Melanie Pullen, "Violent Times"(스틸 사진 시리즈, 2005-2009), www.melaniepullen.com/matter.

Kramer Morgenthau 인터뷰, Jamie Mustard 진행, 2018. 10. 15.

13장

베토벤 제9번 교향곡에 대한 Philip Hale의 논평, *Musical Record*, Boston, 1899. 6. 1.

Ferdinand Praeger, "On the Fallacy of the Repetition of Parts in the Classical Form", *Proceedings of the Royal Musical Association 9* (1882), 2.

Estelle Caswell, "Why We Really, Really, Really Like Repetition in Music", Vox, 2017. 10. 13, www.vox.com/videos/2017/10/13/16469744/

repetition-in-music.

Cam Lindsay, "The Dandy Warhols' Courtney Taylor-Taylor Passionately Ranks the Band's LPs", *Vice*, 2019. 1. 24, www.vice.com/en_us/article/3kgzmk/rank-your-records-the-dandy-warhols-courtney-taylor-taylor.

Kory Grow, "Rage Against the Machine Look Back on 20 Years of 'Killing in the Name'", *Spin*, 2012. 11. 19, www.spin.com/articles/rage-against-the-machine-killing-in-the-name-anniversary-interview.

"Quincy Jones on Battling Michael Jackson, Befriending Sinatra", CBC News: The National, 2018. 9. 17, www.youtube.com/watch?v=EK6M5jPsolQ.

Ian K. Smith, "Top 20 Political Songs", *New Statesman*, 2010. 3. 25, http://www.newstatesman.com/music/2010/03/top-20-political-songs, 2015. 1. 8 접속.

Adam Grant, "The Surprising Habits of Original Thinkers", TED Talk, 2016. 4. 26, https://www.youtube.com/watch?v=fxbCHn6gE3U.

14장

Martin Luther King Jr., "I Have a Dream", 1963. 8. 28, 녹취록, National Archives and Records Administration, www.archives.gov/press/exhibits/dream-speech.pdf.

Mark Donnelly, *Britain in the Second World War* (New York: Routledge, 1999), 15.

"To Be More Persuasive, Repeat Yourself", Association for Psychological Science, 2016. 4. 20, www.psychologicalscience.org/news/mindsbusiness/to-be-more-persuasive-repeat-yourself.html.

Stefan Schulz-Hardt, Annika Giersiepen, and Andreas Mojzisch (2016), "Preference-Consistent Information Repetitions During Discussion: Do They Affect Subsequent Judgments and Decisions?", *Journal of Experimental Social Psychology* 64 (2016. 1), doi:10.1016/j.jesp.2016.01.009.

16장

D'Wayne Edwards 인터뷰, Chris Young 진행, 2014. 1.

Gary Warnett, "How Run-DMC Earned Their Adidas Stripes", MR PORTER, 2016. 5, www.mrporter.com/daily/how-run-dmc-earned-their-adidas-stripes/939.

Erik Parker, "Hip-Hop Goes Commercial", *Village Voice*, 2002. 9. 10, www.villagevoice.com/2002-09-10/news/hip-hop-goes-commercial.

"About Us", Wall Drug, http://www.walldrug.com/about-us.

D'Wayne Edwards 인터뷰, Jamie Mustard 진행, 2018. 8. 22.

17장

Eugene F. Provenzo Jr., "Friedrich Froebel's Gifts: Connecting the Spiritual and Aesthetic to the Real World of Play and Learning", *American Journal of Play* 2, no. 1 (Summer 2009): www.journalofplay.org/sites/www.journalofplay.org/files/pdf-articles/2-1-article-friedrich-froebels-gifts.pdf.

Emily Deruy, "How to Predict a Baby's First Word", *Atlantic*, 2016. 12. 9, www.theatlantic.com/education/archive/2016/12/how-to-predict-a-babys-first-word/510146.

Mike Rowe, "Several Months Ago, I Took Umbrage", Facebook, 2017. 9. 19, https://www.facebook.com/TheRealMikeRowe.

Travis Andrews, "Nordstrom Is Selling Jeans Caked in Fake Dirt for Hundreds of Dollars", *Washington Post*, 2017. 8. 26, www.washingtonpost.com/news/morning-mix/wp/2017/04/26/nordstrom-is-selling-jeans-caked-in-fake-dirt-for-hundreds-of-dollars.

18장

Al Ries, "Long Slogans Are Absolutely, Positively More Effective than Short Ones", *Ad Age*, 2010. 9. 7, https://adage.com/article/al-ries/long-slogans-absolutely-positively-effective-short/145755.

20장

Sergio Zyman, *The End of Marketing as We Know It*, 1st ed. (New York: HarperBusiness, 1999), 230.

Al Ries and Laura Ries, *The Fall of Advertising and the Rise of PR* (New York: HarperCollins, 2002).

Kevin J. Clancy and Randy L. Stone, "Don't Blame the Metrics?", *Harvard Business Review*, 2005. 6, https://hbr.org/2005/06/dont-blame-the-metrics.

Larry Alton, "How Corporate Distrust Is Reshaping Advertising", *Adweek*, 2017. 8. 17, www.adweek.com/digital/larry-alton-guest-post-howcorporate-distrust-is-reshaping-advertising.

Phil Styrlund and Tom Hayes, *Relevance: Matter More*, ed. Marian Deegan (n.p.: Mary Mae and Sons, 2014).

"Crazy People", Tony Bill 감독 (1990; Paramount Pictures, 2004), DVD.

21장

Kate Freeman, "98% of Americans Distrust the Internet", Mashable, 2012. 7. 12, http://mashable.com/2012/07/19/americans-distrust-the-internet.

Gallup News Service, *Gallup Poll Social Series: Governance*, 2010. 9, https://news.gallup.com/poll/143273/trust-mass-media-pdf.aspx.

Lymari Maralis, "U.S. Distrust in Media Hits New High", Gallup, 2012. 9. 21, http://www.gallup.com/poll/157589/distrust-media-hits-new-high.aspx, 2015. 2. 12 접속.

GfK Roper Public Affairs & Corporate Communications, "AP-National Constitution Center Poll", 2012. 8, http://surveys.ap.org/data/GfK/AP-NCC%20Poll%20August%20GfK%202012%20Topline%20FINAL_1st%20release.pdf.

Anna-Louise Jackson, Anthony Feld and Melinda Grenier, "Domino's Brutally Honest Ads Offset Slow Consumer Spending", *Bloomberg Businessweek*, 2011. 10. 17, www.bloomberg.com/news/articles/2011-10-17/domino-s-brutally-honest-ads-offset-slowing-consumer-spending.

Adrian Campos, "Why Domino's Spent Millions to Fix Its Pizza", The Motley Fool, 2013. 11. 20, www.fool.com/investing/general/2013/11/20/why-dominos-spent-millions-to-fix-its-pizza.aspx.

22장

Ken Doctor, "The Newsonomics of the Millennial Moment", Nieman, 2014. 10. 8, www.niemanlab.org/2014/10/the-newsonomics-of-the-millennial-moment.

Marc Gurman, "A Look at 'the Average' iTunes Library", 9to5Mac, 2011. 1. 4, http://9to5mac.com/2011/01/04/a-look-at-the-average-itunes-library.

Kristen Purcell, Joanna Brenner and Lee Rainie, "Search Engine Use 2012", Pew Research Center's Internet & American Life Project, 2012. 3. 9, http://www.pewinternet.org/2012/03/09/search-engine-use-2012/, 2012. 2. 12 접속.

에필로그

Chris Martins, "In Their Right Place: Ranking 10 Radiohead 'Creep' Covers", Spin, 2012. 9. 22, www.spin.com/2012/09/radiohead-creep-covers-ranked-weezer-kelly-clarkson-korn.

John M. Bolland, "Hopelessness and Risk Behaviour Among Adolescents Living in High-Poverty Inner-City Neighbourhoods", Journal of Adolescence 26, no. 2 (2003): 145-58.

Barry Schwartz, "The Paradox of Choice", TEDGlobal Talk, 2005. 7, TED.com, www.ted.com/talks/barry_schwartz_on_the_paradox_of_choice?language=en.

Sarah A. Stoddard et al., "Social Connections, Trajectories of Hopelessness, and Serious Violence in Impoverished Urban Youth", Journal of Youth and Adolescence 40, no. 3(2011. 3): 278-95, www.

ncbi.nlm.nih.gov/pmc/articles/PMC3105375.

Carol Graham and Sergio Pinto, "Unhappiness in America: Desperation in White Towns, Resilience and Diversity in the Cities", Brookings, 2016. 9. 16, www.brookings.edu/research/unhappiness-in-america-desperation-in-white-towns-resilience-and-diversity-in-the-cities.

이미지 출처

146~151쪽: Melanie Pullen, 〈The Combat Soldiers〉, 멜라니 풀렌의 허락을 받아 전재함.

212쪽: 허스테드 가족이 보관 중인 타지마할에서 찍은 윌 드럭 표지판. 릭 허스테드(Rick Hustead)의 허락을 받아 전재함.

217쪽: 스완슨스튜디오(Swangson Studio)가 촬영한 스포츠용 공예품 공. 케빈 캐럴의 허락을 받아 전재함.

기타 모든 이미지는 마크 슬로트메이커(Mark Slotemaker)의 작품임.

반드시 팔리는 것을 만드는 사람들의 공식
아이코니스트

제1판 1쇄 인쇄 | 2022년 1월 28일
제1판 1쇄 발행 | 2022년 2월 1일

지은이 | 제이미 머스터드
옮긴이 | 이은경
펴낸이 | 유근석
펴낸곳 | 한국경제신문 한경BP
책임편집 | 김정희
교정교열 | 박서운
저작권 | 백상아
홍보 | 서은실 · 이여진 · 박도현
마케팅 | 배한일 · 김규형
디자인 | 지소영
본문디자인 | 디자인 현

주소 | 서울특별시 중구 청파로 463
기획출판팀 | 02-3604-590, 584
영업마케팅팀 | 02-3604-595, 583 FAX | 02-3604-599
H | http://bp.hankyung.com E | bp@hankyung.com
F | www.facebook.com/hankyungbp
등록 | 제 2-315(1967. 5. 15)

ISBN 978-89-475-4786-4 03320